U0142540

李　長聲

日和見｜閒話

Essay of Humanity
03

尋找李長聲的真身

湯禎兆

不敢自詡為李長聲的忠實讀者，但先生著作一上手，條件反射地捧讀下去是免不了的自然反應。《日和見閒話》內的文章，也因此之故算是一讀再讀的了，可是這次卻看出點班雅明來。

那當然不敢虛應是為了湊時髦而胡扯，何況「浪遊人」（flaneur）一詞已至幾近一見即俗的荼蘼盡處，硬套在先生文稿上，不啻佛頂撓糞。是的，要找四處遊蕩的閒逛者原型，回首萬曆請張岱坐鎮便成，何必遠赴德意志沾光。何況先生絕對沒有蘇珊．桑塔格一針見血道破班雅明的土星性格——憂鬱非本性，出入濟凡心，那到底李長聲還算是哪碼子的「浪遊人」？

是甚麼觸發我對李長聲產生「浪遊人」的聯想？對，一切都拜永井荷風所賜。日本近年的荷風熱，固然託東京散步的古老湊時髦所致，然而李長聲對永井荷風的鍾情，卻是從來貫徹貨真價實情透紙背。永井揭櫫的散策風情，在市內蹓躂作細緻觀察，而且又依戀文明城市，自屬「浪遊人」的典型人板——「浪遊人」鍾情世俗物事，選擇大隱隱於市，在街頭巷尾中穿梭徜徉，一個人獨自信步而行，既入世又出塵。何謂永井荷風漫遊的還統牽古今，在胡同中嗅出鄉愁，文學化乃至神話化本也理所當然，然而那不正屬「浪遊人」所具備的一雙陰陽眼，在流行物事中看出腐朽屍意，於老去幻景窺出泉湧活力。猶有甚者，是當中的乾坤挪移術，當李長聲侃侃而談永井荷風如何苦練法蘭西外家套路，回瞻啟迪參悟江戶本門心經，由是借東京作為力場，創立永井一脈的散策門派——你真的可以視而不見作掩耳盜鈴狀，把作者借力打力的創作告白履歷書就此過目即忘？作者由長春遊走至千葉，今天為人以知日學者傳誦捧讀，然而筆下從沒有背離筆記風情，幾至打造成李氏獨門別具一格的知日文學大道來。

不過，李長聲倒沒有把永井荷風捧上殿堂奉為偶像，如果對文革風有一鱗半爪的承傳，那大抵絕不在於後記中敬謝不敏的痞子風，而屬切忌神諭級的靈光普照。我猜想他與三島由紀夫最投契的一次，或許乃在於對永井荷風的魅力評議：「用最優雅的文章寫最低級的事情，用最都市化的文章寫最粗鄙的事情。」雅俗交融的物我不二境界，我輩小卒，雖不能至，心嚮往之。但李長聲的一句「呵呵」，卻道盡知己忘情一矢中的滋味。正因知己相忘江湖，集中才有酒醉及對談等篇章的精闢體會。

由衷而言，李長聲最最「浪遊人」的真身，仍非以上的輪廓線條。正如蘇珊．

桑塔格對班雅明最敏銳精闢的觀察，也非在憂鬱性格的觀照，而是對他作為微物收藏家的深刻體會。她固然指出班雅明的收藏家的身份，也不諱言他為物所累，但微物同時正好也成為了無功利沉思及狂想的對象。由大米到栗子，從馬刺到豆腐，自梅乾往青苔，甚或俯猴覽天狗，要認識並總群勢，文辭盡情的精要，範文早己一一臚列。當中的關鍵精韻，時髦趨時可謂之微物政治，學究用語為文本細讀，最像人話的尋常語，大抵都算是觀察入微吧。

我認為一系列村上春樹密碼文章，最適合作示範舉隅。〈井〉與〈貓〉之選題下筆，自有上陣定勢之氣道，恰若後方擂鼓，武將喊場作正面痛擊的淋漓快意。然觀其兵備，一招一式全皆名門路數，實事求是於村上國境中進行探井及尋貓的冒險，最後一言一語之所得，全無捷徑適俗之點滴，恪守執正馭奇的功架。個人最偏好的還有〈情人旅館的字畫〉，可謂盡得一唱三詠風流。啟首點明旅館中掛上相田光男的字的畫框，大家一臉惘然靜待老師解畫之際，準備打算再上一課看小說學日本文化，豈料交代相田光男背景之後，作者筆鋒一轉，將先前的懸疑佈局無情戳破，原來相田不過一芥草茅，讀者面面相覷啞口無言。說時遲那時快，作者直陳對相田光男不入流的書法無甚好感後，登時便委婉地點明與村上同流的知己會意——把他的字掛在情人旅館中，一切原來早有評價。於是連我等凡夫，瞬即明白他鄉遇上**Richard**

Clayderman 或 Kenny G，體悟到高手比試沒有多餘一招半式的愉悅趣味。

我得承認對李長聲的微物「浪遊人」真身由衷佩服，尤其在刻下萬物萬目幾近皆可統整為文化研究的出版風潮下，建基於文本細讀後的體會思考，迴避了任何大論述的空泛框架，更加與時尚的先理論後配對之務新筆法背道而馳。每次捧閱李長聲的文集後，我總想周星馳若要寫作，大抵也應把金句對白改為：書，應該是這樣寫的。

寫作理應沒有甚麼時尚不時尚，甚或出版地域差異的隔閡吧——都甚麼年代了，如有甚麼分別，一切都不過屬好看與不好看之別，僅此而已，別無其他。

湯禎兆：尋找李長聲的真身 3

負日遊 11

東京的胡同 12
大米 15
天津栗子 18
馬刺與櫻鍋 21
豆腐 24
落書 28
錦鯉繞島影 31
梅花與梅乾 34
美在青苔 38
裸祭 41
猴 45
天狗 49

指日談 53

觀音菩薩的腳 54
朱舜水 58
結 62
臉 65
復仇 68
下海今昔 73
臨行喝媽什麼酒 77
武士與騎士 81
說魚解字 84

誤譯的深度 88
北野武拔刀 91
織田信長大屠殺 94
關於對談 97
大江醉酒 100
算算友誼帳 105
千石的念法 108
從清水寺舞臺跳下去 111
櫻花過後 113

枕日讀 115

誰給日本起的名 116
葉隱 121
日本的內戰 124
白旗從何時豎起 127
「單一民族」是怎樣煉成的 132
菊與刀 137
抄書的樂趣 140
斷腸亭日記 143
書中世界 147
雜誌日本 149
品格 155
金子般的童謠 158
可樂嬰兒 162

信長密碼 166
劇作家之死 172
麒麟志在昆崙河 178
人革命的《德川家康》 184
谷崎潤一郎和女人以及文學 189
永井荷風的江戶、法國以及中國 197
夢二美人 203
作踐武二郎 211
山岡莊八的「戰爭與和平」 215
小說長鳴警世鐘 222
國語問題 228
村上春樹密碼
第三種啤酒 233
情人旅館的字畫 237
圍繞地圖的冒險 241
文學雜誌 246
貓 250
井 256
比喻 264
1Q84新人獎 273
從《古事記》到《女神記》 278
日語將消亡 284

後記 289

負日遊

東京的胡同

據說幸福的家庭都一樣，不幸的家庭各有各的不幸，其實，城市也如是。高樓寬街，現而今中國的好些城市看起來跟其他發達國家一個樣，甚至更漂亮，所以來日本旅遊，「幸福的」表面沒什麼看頭兒，要轉到背後，也就是胡同，那裡遺留著落後於時代的「不幸」，才能觀光到特有的傳統景物。當然，所謂傳統，不會上溯到多麼古昔，拿東京來說，也就是百餘年前明治及江戶時代的風情。

這樣可觀的東京是隨筆的，而不是散文的；散文多是要抒情，走馬觀花也不妨感慨一番，而隨筆需要有趣味，尋尋覓覓，拿出些歷史的、文化的東西給人看。隨筆式東京其實是永井荷風寫出來的。

永井荷風比森鷗外、夏目漱石晚一輩，出洋幾年，歸來見明治新政府只顧物質上富國強兵，好端端的東京失掉了江戶市街的靜寂美，又比不上具有音律性活動美的西洋市街，不快而嫌惡。當然無可奈何，他只好拿一把黑洋傘，趿拉著木屐，走街串巷，尋找撿拾東京叫江戶那些年代的遺存，並寫成隨筆，為日後留下談資。他的散步是一種文學行為。就作家來說，從田山花袋到村上春樹，看東京的眼光是外來者的，而永井是東京人，一生基本生活在東京，寫東京就是寫故鄉，感情自然跟他們不同。

小說家大佛次郎說：江戶時代正經人不會在街上閒逛，所謂散步，是明治時代西洋人來日本言傳身教的。永井荷風「從小就喜歡在街上散步」，閑走閑看，乃至彷徨，可算近代散步的先驅。趕超歐美的新時代展現在大街上，但他的興趣在於舊，不要發現或感歎新。舊時代的風景殘留在胡同裡。他四處遊走，到遠處散步，利用的卻也是奔馳市內的現代化電車。終歸是胡同生活的旁觀者，在這一點上，與旅遊觀光者相通。賞玩之餘，「看見在如此貧窮的胡同裡一如既往地貧窮度日的老人，難禁同情與悲哀，又加上尊敬之念」。他一度還搬到胡同裡住，雖然地近平生所好的花街柳巷，卻終於受不了那種沒有私人空間的江戶人情，不久就逃回靠父輩遺產所營構的孤僻天地。

永井荷風的東京散步記《日和木屐》印行於一九一五年，此後東京又經歷了關東大地震、美軍大空襲以及一九六四年東京奧運會，書中所記錄的景象也所剩無多。有一個叫橋本治的小說家，東京奧運會那年十六歲，他說，東京奧運會是從徹底破壞在戰後廢墟上復興的東京市街開始的。自一九六〇年勃興建築熱，東京整個籠罩在塵埃中，待塵埃落定，風景完全變了樣。二〇〇七年末橋本治出版了一本《日本該走的路》，主張把現存的超高層樓房全毀掉，外觀上回到一九六〇年代前半。

說這話無非美美嘴，所幸有《日和木屐》，如今已成為遊覽東京胡同、觀賞胡同風景與文化的指南，彌足珍貴。

永井荷風說：「胡同雖然窄而短，但富於趣味與變化，有如長篇小說。」林子大了什麼鳥都有，像東京這樣的大林子很適合拿來寫小說，尤其是推理小說，例如松本清張的《點與線》，但我喜歡隨筆的東京。倘若你來遊，那麼我建議，去逛逛淺草、深川那一帶的小街，或者從日本橋起步，逛一逛繁華背後的陋巷，最後到銀座的三越百貨店選購高級化妝品，帶給夫人或女友，這樣的旅遊更有些意思。可能的話，那就先讀讀永井荷風的隨筆，不然，一路走過去也品不出多少味兒來。

永井荷風，一八七九－一九五九，號斷腸亭主人。三島由紀夫說他的魅力「在於用最優雅的文章寫最低級的事情，用最都市化的文章寫最粗鄙的事情。」呵呵。

大米

日本真好吃，最好吃的是大米。

吃壽司，那股子香甜一多半來自米飯，生魚片的味道以及醬油、芥末不過是輔助，而嚼頭兒更在於米飯的筋道。

日本凡事都要問從哪裡來，稻米更不例外。江戶時代的國學家本居宣長主張日本是「豐葦原、瑞穗國」，壓根兒有稻，但現在無人不相信是從中國傳來的了。稻作起源於長江流域，起初是旱稻，改進為水稻，沿長江流域東傳。大陸人從長江口一帶渡海，移居九州北部，帶來了稻作文化，當然是技術捆綁，同時也帶來青銅冶煉、米酒釀造等。至於是什麼時候，過去認為在彌生時代，但近年考古發現，可能更早在繩紋時代晚期。這是指水稻，而旱稻大概在繩紋時代中期就已經栽培了，來路推測從中國南方經南海島嶼傳入九州。日本以土器為標誌，把新石器時代劃分為繩紋土器時代、彌生土器時代，穀物不能生食，應該與土器密切相關。繩紋時代長達一萬年，從大陸渡海而來的人與繩紋人混血，產生彌生人，這就是日本人的直接祖先。

日本古稱「瑞穗」，當然古不過彌生時代，這個穗就是稻穗。米，日語只是指稻米，去掉稻殼的叫玄米，再磨去糠皮的就是白米或精米。粘性有大小，「粳宜作飯，糯宜造餅」（黃遵憲語），千百年來日本人基本這麼吃。他們善於改良，江戶時代水稻已經有上百個品種，清末黃遵憲出使日本，曾打算把良種帶回國。他有詩吟道：一望高高下下田，旱時瑞穗亦雲連；歸裝要載良苗去，倘學黃婆種絮棉。我生長在東北，小時候覺得東北大米很好吃，後來吃不到了，偶爾吃的是南方秈米，雙季稻、三季稻的米，嚼在嘴裡還不如苞米碴子高粱米。稻米有兩大品種：米粒短、有粘性的日本型，米粒長、缺少粘性的印度型，例如泰國米，日本人只拿它做炒飯。一般日本人愛國貨，尤愛在米上。在街上吃飯，小飯館便宜，做飯的米多是外國米。據黃遵憲說，九州產稻米時有輸入廣東，但不知他帶回的稻種是怎麼個後果。

民俗學家柳田國男說過，若不傳來稻米，也就形不成今天的日本民族。天皇家歷來重視稻米，即位舉行大嘗祭，每年還有新嘗祭，把稻米搞得神神道道。江戶年間武士的地位及家產按祿米多寡來衡量，以此構成國家秩序，所以讀「時代小說」（我譯作武士小說），總見說稟食多少石。聽說日本人吃米也吃出了問題，那就是養成了上身長、下身短的體型，跟漫畫上畫的長腿人物正相反。至於原因，說是穀物蔬菜之類多纖維，不能完全消化掉，糞便就特別多，需要長長的腸子來儲存，容納腸子的上身自然也長了。日本人的腸子比食肉的歐美人長出兩米，不適宜吃肉，他

們就曾以此為由，反對美國牛肉進入日本市場。

遊能登半島的輪島市，參觀過白米千枚田。就在日本海邊上，半山緩坡有一片梯田，不可謂高，所以日本人不用層層來說它，稀罕的是竟然大大小小有一千零四塊。那真叫小，傳說胥吏來查驗，數來數去少一塊，怒而起身，這才發現屁股底下還坐了一塊。駐車觀望，白浪，綠苗，不愧為瑞穗國風光的原貌，煞是好看。梯田，日語叫「棚田」，而今幾乎只用來觀光立國，但年輕人輟耕壟畝，紛紛進城了，只好廣徵愛好者「認養」，幸而一塊塊面積小如貓額。這真是：

遠來客種賞光田，千塊貓額海角連；借問農家何處去，耰而不輟浪綿綿。

天津栗子

好久沒去上野的「飴屋橫丁」了。

那條三、五百米長的小巷，兩邊擺滿了攤床，油嘴滑舌的叫賣聲此伏彼起，尤其到歲暮，採辦年貨的人摩肩擦背，舉步維艱。也有人說應該叫「亞米屋橫丁」，緣自戰後之初日本窮得一塌糊塗，「亞米利加合眾國」的大兵在這裡擺攤倒賣物資。確實，整條巷子裡鬧鬧哄哄，仍然有一種黑市氣氛。日本商店通常是明碼實價，但此處可以砍價，大砍特砍，中國人購物最愜意。

以前在巷口見過賣糖炒栗子。一大堆栗子堆在攤床上，賣家一手拿著草紙口袋，裡面裝了些栗子，嘴裡叫喊著，另一隻手一下又一下地抓起栗子添加，看得人興奮。其實，他在那兒耍把戲，啪地一聲，頂多丟進去一個栗子。

初來日本時，看日本點心覺得簡直像藝術品，但看來看去，好像除了豆沙就是栗子，萬變不離其宗。不過，那栗子個頭兒之大，可真教「友邦驚詫」。中國人比其他老外還多一份驚詫，那就是他們把糖炒栗子叫天津甘栗，叫得好聽，不像臭蟲叫南京蟲，足以惹南京人來氣，雖然這南京二字是江戶時代用來形容外來的東西之珍奇、之小巧可愛的。而冠以天津，據說是河北等地出產的板栗彙集到天津裝船出

口的原故。

栗樹是日本土生土長的樹木。一九九四年在青森縣三內丸山發掘了大約五千五百年前至四千年前的集落遺址，出土了栗子，據DNA鑒定，是栽培的，繩紋人拿它當口糧。最重要的發現是六個柱穴，根部殘存，可知是直徑約八十釐米的栗木。建築學家估計，建樓的話，有六層高，二十米以上。通常認為栗樹長不了那麼高，但數月後在原生林中找到幾株大栗樹，最高為二十七米，霜皮溜雨，直徑約一米。此前在日本海沿岸已多處發現巨木遺構，柱子大都用栗木。繩紋時代屬於石器時代，但不單有石器，只是石器或土器容易留存下來罷了，從數量和作用來說，或許當時更重要的是木文化，而且是迄今猶見的木文化傳統的源頭。

古已有之，傳說也就多。把栗子晾乾去殼叫「搗栗」，發音與「勝軍利」相同，所以豐臣秀吉出兵征伐，百姓獻「搗栗」，他大為高興。又傳說德川家康打了敗仗，逃到一戶農家門前，老婆婆給他生栗子吃，他把吃剩的一顆埋進地裡，後來長出栗樹，一年結三次果，這就是「三度栗」，是柴栗的一種，但也有說「三度栗」是弘法大師的神通。栗字由西與木構成，便扯上西方淨土，愛用栗木做牌位什麼的。芭蕉旅行，見住宿的地方有一株大栗樹，隱居著和尚，便想到奈良時代有菩薩之稱的行基和尚，他的手杖是栗木的，用了一輩子，於是吟俳句一首，意思是：

栗花遺世賞，簷畔自亭亭，願作菩薩杖，一生相伴行。

近年北京商店裡栗子成堆了，包裝精美，還印著日文，令人不禁又別有驚詫。

馬刺與櫻鍋

吃在廣東，這美名的來由之一大概是廣東人什麼都吃，前些年甚至把中國乃至世界吃得膽戰心驚。不過，說他們四條腿的只不吃板凳卻未必，日本吃馬肉，而廣東不吃。中國自古不吃馬，有關馬肉的知識就不免荒唐，元末明初賈銘著《飲食須知》有云：「馬肉味辛苦，性冷有毒，同倉米、稷米及蒼耳食，必得惡病，十有九死。同薑食，發氣嗽。同豬肉食，成霍亂」。把馬肉說得這般可怕，但事實呢，無論生熟，馬肉味並不辛苦，而且日本吃生魚，佐以芥末，吃生馬肉卻是用薑蒜。

至於說性冷，倒好像不無道理，日本民間用馬肉解熱，消腫祛痛，兩度獲奧運金牌的女子柔道運動員谷亮子就常用，她還將出馬北京奧運會。傳聞某棒球運動員受傷，著名教練王貞治送給他一塊馬肉，卻被他大吃一頓，變外敷為內服，令王教練哭笑不得。倘若是騎手，恐怕就不會用馬肉治療跌打損傷。這是人之常情，正如把狗養為寵物的，當然不忍心吃它。馳騁賽場的馬淘汰下來送進庖廚，讓騎手如何下得了箸，但人總是有鬼點子，「鰹」讀若「勝男」，江戶年間武士聽其音便想食其肉，用諧音把「美味」想成「馬勝」，馬肉吃起來也心安理得。

傳統吃馬肉的地方主要是熊本，以及長野、山梨、福島，原因無他，皆為產馬之地。日語把馬叫作uma，其字其音都源自中國。日本神話裡說，天照大神的弟弟胡鬧，把馬剝了皮丟進屋裡，嚇死織女，但考古迄今未找到四世紀以前日本就有馬的證據，只能說中國史書《三國志》寫得對，日本沒有牛馬虎豹羊鵲。大概四世紀末五世紀初，馬及養馬技術從朝鮮半島傳入。馬是天生被人騎的，跑起來背部不像其他動物那樣弓，人穩坐其上，跑路，打仗。騎馬使戰鬥方式發生變化，日本刀也由直變彎。京都以東宜於養馬，武士們縱馬馳騁，稱霸天下。

明治以前日本人基本不吃四條腿的肉，這並非人人信佛，而是歷史上屢屢禁止食肉的結果。最早的禁令頒佈於西元六七五年，禁食牛馬犬猿雞。禁來禁去，人們對食肉便形成反感。明治維新後，文明開化，第一件事情是吃肉，天皇帶頭吃，富國強兵。馬養得多，上不了戰場的，就殺了吃肉。東京有兩家老店，一家叫美濃屋，一家叫中江，都是明治年間創業的，店鋪古舊，作法也有點簡陋。把馬肉叫作櫻花，豬肉叫牡丹，從中國人愛吃豬肉來說，這兩個叫法挺不錯。實際上馬肉嫣紅，顏色比櫻花深得多，店家將生肉片堆成一朵花，豔若玫瑰。馬肉嫩，嫩得令人詫異怎麼能馳騁疆場，而且無腥膻之氣，只要不抱有成見，即使不吃生魚片的人也可以大快朵頤。

日本缺東少西，馬肉也大都從外國進口。法國吃馬肉，美國人不吃，就出口給法國、日本。前幾年美國立法，不允許殺馬賣肉，屠宰廠關門，本來經營者也並非美國人，而是法國人。看西部片，牛仔的神氣全在於胯下一匹馬，腰間兩把槍，把馬當作開拓史文化顧惜，情有可原。日本吃馬，韓國吃狗，互相厭惡，而中國人在吃食上兼收並蓄，就向來大度。食文化發達，易於理解或接受其他食文化。食文化越淺薄，越愛在飲食上搞全球化，反對別人吃這吃那，反正他不吃，也不用心於吃。

用淺底鐵鍋煮馬肉叫「櫻鍋」，望文生義，頗有點浪漫，而生馬肉片寫作「馬刺」二字就不免嚇人。馬肉貴，信濃屋用豬肉充數，叫「豚馬鍋」，好像故意跟賈銘所說的「同豬肉食，成霍亂」對著幹。不過，他對馬肉大加貶毀，意在戒人食之也說不定。有個叫內田百閒的作家，別號百鬼園，把馬肉和鹿肉煮一鍋，叫「馬鹿鍋」。「馬鹿」，就是我們也會說的八格牙路的八格。

《飲食須知》又云：「食馬肉毒發而心悶者，飲清酒則解，飲濁酒則加。」正好日本酒叫清酒，邊喝邊吃，以防萬一。吃罷馬刺與櫻鍋，口占一絕：

嫩若瓊酥豔若櫻，若聞瘦骨敲銅聲。
壯心伏櫪猶千里，犬馬功成一樣烹。

豆腐

北京的菜館裡有一道菜叫日本豆腐。好奇這日本二字，要了一份嘗試，原來並不是豆腐，像是用雞蛋做的。不知意在老實標明其做法的出處，還是掛「洋」頭要價。日本倒是有一種「玉子豆腐」跟它相彷彿，「玉子」也寫作「卵」，雞蛋也。

這裡要說的是真豆腐，日本用大豆做的豆腐。

不消說，豆腐是中國人的發明。中國傳到外國的東西，歷千年而基本沒變樣的，大概豆腐是其一，不至像火箭之類，據說故鄉也是在中國，近年電影常用來壯觀畫面，但衣錦還鄉，兒童相見不相識。日本有關豆腐的記載初見於一一八三年，寫作「唐符」，那時中國是南宋，朱熹已寫過豆腐詩。有個叫泉鏡花的小說家很有點潔癖，筆下從不用「腐」字，把豆腐寫作「豆府」，類似中國某散文家不愛用「便」字，因為他一用，便聯想大小便。也有寫作「豆富」的——日本用字向來不那麼定於一尊。若說與中國豆腐的不同之處，首先是日本豆腐水分大。十斤豆子，中國出二十多斤豆腐，而日本能多出一倍。水分大，豆腐軟軟的，這就有日本特色。

按製作方法分，日本豆腐基本有兩種，一「木棉」，二「絹濾」，相對來說前者比較硬，表面留有木棉織布的布紋，後者更軟些，光滑如絹。前者若比作我們的北豆腐，後者就類似南豆腐，但總的來說中國豆腐硬，主要是作為素材，硬才適於炒作，煎炒烹炸。司馬遼太郎遊走日本及世界各地，寫歷史文化隨筆，週刊連載二十五年；在與朝鮮半島隔海相望的一歧島看見小店賣的豆腐像乳酪一樣，當晚給僑居日本的朝鮮人打電話問朝鮮豆腐的軟硬，據說韓國豆腐店賣的軟豆腐叫日本豆腐。司馬還講過，土佐的豆腐曾經是硬的，老師放學後買了用草繩拎回家。這種硬豆腐或許本來是朝鮮豆腐，因為豐臣秀吉發兵侵略朝鮮，土佐國主抓來朝鮮人，曾特許他們做豆腐為生。戰後豆腐不硬了，司馬慼歎：「不限於豆腐，日本文化戰後被劃一化，後世這定是歷史學家的好課題。」十年前一位烹飪研究家到中國品嘗了中國豆腐，覺得硬度跟日本差不多。

中國豆腐類，軟如豆花，硬如豆乾，日本人歎為觀止。臭豆腐是豆腐的極致，日本所無，或許像纏足一樣不曾學。一七八二年刊行的《豆腐百珍》記載了一百種做法，但翻閱一下，只覺得簡單而單調，倘若讓中國人料理，那可就複雜得多多。日本人吃豆腐，最普遍的吃法是放在大醬湯裡。酒館也必備豆腐，夏天冷豆腐，冬天湯豆腐。冷豆腐的吃法類似我們小蔥拌豆腐，他們佐以蔥薑，但淋上醬油，就不能充分顯現出豆腐的本來味道，不如用鹽好。中國做法，在日本最有名的是麻婆豆腐，無人不知，當然也變了味兒，是日本麻婆。沖繩的豆腐炒蔬菜在我們看來也就是普普通通的家常菜，日本人下館子吃，吃得別有風味。沖繩人最愛吃豆腐，一年每人平均吃七十多塊（一塊四百克），而北海道吃得最少，只有四十塊。

京都的豆腐很出名，有一家老店叫森嘉，已傳承五代，歷史長達一百五十年。上一代掌門人趕上了戰爭，派赴中國，打仗之餘留意於豆腐，這才知道中國還有用石膏（硫酸鈣）點豆腐的。日本降不了中國，他回家繼續做豆腐，也學著用石膏凝固，做出了好吃的豆腐，名聞遐邇。南禪寺等幾處寺院附近賣湯豆腐，大概豆腐與禪最相宜不過了。小說家陳舜臣說過，日本人淡泊，這淡泊二字正好是評價豆腐的。冷豆腐固然淡泊，湯豆腐基本是清水煮豆腐，也只能以淡泊讚之。某俳人在隨筆中寫道：豆腐「實在是融通靈活，能自然地順應一切，因為它不帶有偏執的小我，已達到無我的境地。」日本人對豆腐的感覺及感情也可以像茶道、香道、劍道一樣稱「道」。

晚春遊龍安寺，納悶了半天枯山水，順路走到西源院，藍布簾上透白四個字「〇天下一」，彷彿有禪趣。木屋的簷廊鋪著紅氈，與滿園的蔥綠相映。一屁股坐在榻榻米上，肆意舒展走累的雙腿，這可是老外的特權坐姿。圓桌當中一石爐，侍女端上來砂鍋，熱騰騰煮著一鍋蔬菜豆腐，叫七草湯豆腐，清淡可口。品嘗了日本文化，想起龍安寺後頭有水池，狀如銅錢，中間的口字兼顧四方各一字，便構成「唯吾知足」。俳人久保田萬太郎辭世前吟了一首俳句，廣為人知：

湯豆腐喲，生命盡頭的曨曨微光。

落書

善光寺本堂是國寶（在長野縣，歷史三百年的木建築），被人畫了些圈圈道道，報導題目卻用了「推掉聖火傳遞的善光寺」之類的說法。醉翁之意，無非使大眾的思路短路，乃媒體慣用的伎倆，不說也罷。要說的是亂寫亂畫，日本叫「落書」。法隆寺等國寶級文物也曾被亂寫亂畫，喧嚷一時。據說日本人自來好「落書」，吳哥窟留有江戶武士的殘墨，法國、瑞士的觀光勝地近年也可見他們的字跡。

最近（二〇〇八年六月），日本遊客在義大利的佛羅倫斯大教堂發現了日本某大學女生到此一遊的留名，拍下照片，用電子郵件發到大學去。調查屬實，校方向大教堂道歉，對幾名學生及修學旅遊的帶隊教師提出警告。無獨有偶，另一所大學的校名也塗抹在大教堂上，校方把犯事的學生處以停學兩周，向義大利國民深表歉意。事情竟接二連三，某高中棒球教練也在那裡留下了本人和愛妻的名字，竟至被解聘。聽說大教堂壁上有各種文字的亂寫亂畫，好像只日本如此一本正經地嚴加處置，顯得很知恥。

「落書」屬於破壞器物罪，但若是古人所寫，那可就彌足珍貴，足以彌補史料之短缺。例如幾十年前整修法隆寺，從金堂、五重塔發現了很多八世紀畫師工匠之

流的「落書」，震撼學界，以致有人寫打油詩，說法隆寺亂寫亂畫也值錢。日本漫畫史在法隆寺「落書」中找到最古遠的作品，但現今各地寺廟卻貼著亂寫招災。

所謂「落書」，據《廣辭苑》解釋，乃「諷刺、嘲弄時事或人物的匿名文字，貼在人目易見的場所或權貴門牆，或者落置街頭」。九世紀初，貴族之間用「落書」進行鬥爭，爾虞我詐。若寫成打油詩或順口溜，又叫作「落首」，落書一首也。一三三四年寫在京都二條河原的「落書」有八十八句之多，批評政治，被視為日本「落書」歷史上無與倫比的傑作。江戶時代是太平盛世，市井平民的牢騷也更盛，到處寫「落書」發洩。第六代幕府將軍德川家宣不准禁止，說可以為戒。後世有好事之徒彙編為《江戶時代落書類聚》。

十五世紀後半的水墨畫家雪舟有畫聖之譽，幼時出家，只想畫畫不念經，被綁在佛堂的柱子上，灑淚在地，就用腳趾頭畫老鼠，感動了師傅，容許他畫畫。這也算「落書」逸話，只可惜淚水不能久存。

現代的亂寫亂畫恐怕連牢騷都算不上，或許是生理排泄的快感易於引發心理排泄，首選之處是廁所。臺灣前幾年死了一個人，叫陳朝和，最後的職業是的哥（計程車司機），他也畫畫，畫有一幅如廁塗鴉圖，好似日本國寶「餓鬼草紙」的現代人間版。日本的廁所「落書」也有寫得有趣的，如電車廁所裡，停車時請勿用的旁邊被寫上用時請勿停車。自然少不了俳句，例如，急也莫四濺，如櫻花。

大概人類自來有亂寫亂畫的欲望與衝動，我們中國人更喜歡把任何東西都加以人文化，題字刻石，好端端的泰山被弄得遍體鱗傷。在酒館裡坐定，環顧四壁，有時也想到題壁，潯陽樓宋江吟反詩。日本母親特意佈置，讓孩子在紙壁上塗畫，從心理學來說，這是人性發展的一個階段。媒體自稱公器，但一些報導記事真叫人疑心是否把版面當作了廁壁。網路上任人揮灑，有時更不免有公廁之嫌。詩曰：題山題壁題茅房，猿類終輸弄字章；網上逍遙天也泣，人人敢作宋三郎。

錦鯉繞島影

別夢依稀，四十年前跟一群同學從長春下鄉，接受貧下中農再教育，那地方叫小山嘴子，有山有水，足以讓知識青年們浪漫。冰雪消融，冬眠醒來的蛤蟆順溪水下來，發情的鯉魚沿牡丹江上來，火急火燎，只差沒上岸，露出脊背在淺水中折騰，當地叫咬汛，好像過年煮一鍋餃子。說時遲那時快，老鄉撲騰騰跑上前，用柳條編織的罩子罩鯉魚，甚至一下子罩住兩三條。我們那時被算作高貴，高貴者最愚蠢，當然罩不到，只好掏錢買，然後用酒精綿塞了嘴和腮，背回城裡去探親。大的有一米多長，小個子同學背著它尾巴拖地，招搖過市，路人瞠目。

二十年前隨大流來到日本，第一次看見錦鯉，驚詫其美。以前年畫上常見紅鯉魚，而日本金魚從明代中國輸入，不禁想當然：錦鯉當然也中國古已有之，只是我東北人，貓冬無非在炕頭聽聽王本山張本山唱二人轉小調，少見多怪。不久知道了錦鯉是日本人培育的，「既是復疑非」。一九七三年日本曾贈給中國領導人，這可能與總理田中角榮有關係，他喜愛錦鯉。

田中是新潟縣人，新潟縣的小千谷市就是錦鯉之鄉。每年春秋那裡舉行錦鯉品評會，我沒趕過集會的熱鬧，而是夏天去觀賞，池塘裡百餘條「游動的寶石」交映，斑斕如錦，真個是賞心悅目。

小千谷在群山之中，層巒疊嶂，冬天就變成雪國。村民開梯田，種水稻，並且在田裡養鯉魚，以補食用。也有人家掘池塘，與廚房相連，逢年過節來客人，就撈來鯉魚做魚生什麼的。鯉魚通常是黑色的，日本叫「真鯉」；我見了黑色的真鯉魚就食指動，但看見反常的紅鯉魚則止於觀賞，不會由紅而想到紅燒。鯉魚突發異變，鱗上出現了怪怪的顏色，煞是好看，好事者留下來飼養，這就是錦鯉養殖之始。一般認為時間應該在江戶時代後期，即十九世紀初葉，不過，這個年代完全是民間傳說，並沒有文獻記載。當初把變色鯉魚叫「色鯉」，從新潟運到五、六百里之外的東京能賣上大價錢。「色鯉」與「色戀」同音，誘人固然誘人，但玩物喪志，明治之初的一八七四年縣府明令禁養。禁而不止，反倒更盛行，乃至形成了「鯉市」，但長年間品種也就是「緋鯉」、「淺黃」。一八八九年，小千谷市的鯉商培育出一種叫「紅白」的品種，這才是現代錦鯉的源頭。一九〇六年東京金魚商把日本引進不久的德國無鱗鯉和「淺黃」相交，創作出「秋翠」，自此多品種化。一九一四年在東京的上野公園舉辦博覽會，新潟的村民把鯉魚拿來參展，名之為「變鯉」，裕仁皇太子（昭和天皇）看了也大感興趣，榮獲銀牌。村長感激涕零，進獻宮中。變顏變色的鯉魚出了名，身影遊四島。一九一〇年代，被長久埋沒的孟德爾遺傳定律也傳進日本山村，改良交配技術，雜交出更為華麗的品種，被驚歎為「錦鯉」。到了一九五〇年代，各種稱呼統統被淘汰，約定俗成，尊為「錦鯉」。一九六〇年以後日本人日益富起來，錦鯉成為寵物，並走向世界。

「錦」字是日本愛用的，譬如多色套印浮世繪就叫作「錦繪」，錦鯉成群游動，的確像一幅「活錦繪」。鯉，日語叫 Koi，歐美把錦鯉就叫作 Koi。日本美有華麗多彩的一面，如京都的金閣寺，如和服，以及錦鯉。不過，遊日本庭園，如屬於日本三大名園的金澤兼六園或岡山後樂園，曲徑通幽，池塘中三五錦鯉游過來，嘴露出水面，翕動索食，這時發思古之幽情或許就錯了，因為錦鯉的歷史並不長，當初園主們賞玩的只能是黑鯉，像現今皇宮護城河裡的那些。

錦鯉被日本人稱作國魚，如櫻花是國花，並非法定。中國的國魚應該是金魚罷。近年在北京下館子，似乎少見鯉魚了，大快朵頤的是外來魚，羅非魚什麼的。中國式庭園放養錦鯉，它可是日本「元素」，像故宮裡的星巴客，雖然鯉魚是遠古從中國來到日本的也說不定，而古詩早就有「絲禽藏荷香，錦鯉繞島影」云云。

梅花與梅乾

梅蘭竹菊，所謂四君子，梅居第一，而歲寒三友，連在一起的次序是松竹梅，日本人附庸風雅，用這個次序表示事物的檔次。譬如壽司店，不是回轉自取的，而是吃套餐，上中下三等，便叫作松竹梅，價錢最貴的是松。與松梅有關的東西，「松茸」和「梅乾」，也是前者貴，後者賤。秋風起，果品攤上也擺出「松茸」（松蕈），叫賣天價。用碳爐烤，異香氤氳，但歐美人掩鼻，說那是臭皮鞋味兒。「梅乾」是大眾食品，三教九流，一年四季，無人不吃它。有個搞考古和民俗的，寫了不少通俗讀物，其一是《梅乾與刀》，介紹日本人的生活智慧及獨到之處，雖不無夜郎自大的口吻，卻有助於認識日本，從書名也足見「梅乾」對於日本人及其歷史的重要。

「梅乾」，清末詩人黃遵憲譯作梅脯，但如今流行照搬外國話，英語的字母，日語的漢字，便直呼為梅乾。梅子熟了，鹽漬而曬乾，在乾燥過程中發酵，醃製成「梅乾」；鹽漬而不曬，叫「梅漬」。現在市面出售的，多是把「梅乾」再加水和調料，製成「調味梅乾」，就完全是脯的樣子，正可譯之為梅脯。據說奈良有人家貯藏的梅乾是一五七六年醃製的，但當今的梅脯有品味期限，不可能長期保存。梅乾不變質，原因之一在於鹹。做梅乾梅脯的梅子是熟透的，而梅雨過後，梅子青青就上市，店裡附帶賣瓶瓶罐罐，供自家做梅酒。從賞梅花到飲梅酒，這正是一個有頭有尾的文化，而櫻花賞過之後，無以為繼，零落而空虛，那就去死罷，敢死隊隊員駕起飛機撞美國軍艦。

賞梅的一個好去處是偕樂園，水戶藩第九代藩主德川齊昭一八四二年建造的，有梅樹百種，三千餘株，被列為三大名園之一。先梅後櫻，這是自然的順序，也像是觀賞的人文順序。古時候日本說花就是指梅花，後來自立於民族之林，去中國化，變賞梅為賞櫻，蔚然成國風。而賞梅好像停留在貴族文化中，更帶有古趣。

德川齊昭寫過賞梅詩，有云：好文豈謂無威武，雪裡占春天下魁。梅原產中國，很早就傳入日本，既是副食，又當藥物，梅的花果核葉枝根全入藥。和歌山縣南部地方、奈良縣月瀨都是梅花勝地，但當初墾荒植梅，並非為賞花，而是要醃製梅乾，以供軍需。出陣之際，每人持一粒，有止渴之妙用，勝過望梅。「梅乾」一詞最初出現在一二二一年刊行的《世俗立要集》裡，起初是和尚的吃食。進餐用案，菜餚擺放有規矩，這是禮；戰國時代在武家的食案上梅乾擺於左上角，一旦吃食有毒，伸手就抓過來，趕在毒性發作之前塞進嘴裡吞下，據說這是學中國用梅乾解鴆毒。甲午戰爭時梅乾被當作軍糧，價格陡漲。日俄戰爭後頒行的小學課本上有一首《梅乾》詩，讚頌軍需品。

一六九七年刊行的《本朝食鑑》記述：正月元旦，聞雞而起，洗漱更衣，然後在茶湯中放一個梅乾飲用，叫「大福」。茶芳苦，清胸膈之鬱，祛一年穢惡；梅酸鹹，排腸胃之毒，瀉一年疫邪。昭和年間，一盒白米飯當中放一粒梅乾，好似太陽旗，看著吃著就愛國。梅乾梅脯的朱紅色是用紫蘇葉浸染的，日本人喜愛這顏色。宿旅館，早餐通常少不了烤魚、梅脯、大醬湯。吃茶泡飯，佐以梅脯也別有滋味。

偕樂園的山坡上有一石碑，鐫的是一百二十年前（一八八九年）正岡子規訪水戶留下的俳句，去掉零七八碎的假名，剩下的漢字就是一句「崖急梅悉斜」。園裡有一株重瓣大花的紅梅叫「江南所無」，說是三百五十年前（一六五九年）反清失敗而亡命日本的朱舜水帶來的，這麼說，江南也應當有，或者是後來加以改良，格外多嬌，便自詡江南所無。記起一首詩，據說是中國第一首詠梅詩，云：折梅逢驛使，寄與隴頭人；江南無所有，聊寄一枝春。折花是不許的，便買了一包水戶梅脯，託「宅急便」寄給遠方的朋友——我等俗人，終歸惦記吃。周作人也俗得實在，曾寫道：「在我俗人看來，與其請我去賞梅或送我一把畫（姑且說是著色的）梅的扇子，也還不如送幾隻梅子來得好。」

美在青苔

說道日本，什麼都不免往中國追究，但起碼這個苔，無論在哪兒都土生土長，無須從中國渡海而來，雖然也得說明：除了表記它的漢字。

遊日本常見石燈籠，它本來是佛堂前的獻燈，當初隨佛教經朝鮮半島傳入日本，後來神社也拿去當擺設，再後來被庭園用作點綴，形狀各異，大都呆呆地立在那裡，並不點燈照亮。石燈籠是石頭做的，風雨剝蝕，自然有滄桑之感，而上面長滿了青苔，便覺得有一種日本味兒，這就感受到「wabi」。

這個詞，漢字是寫作「侘」，也寫作「詫」，以及「佗」。侘與傺，合為侘傺，是失意的樣子，屈原《離騷》有「忳鬱邑餘侘傺兮，吾獨窮困乎此時也」。這正是日語「侘」的本義，失意之後怎麼樣呢？日本的審美意識就是在這裡與中國分道揚鑣。《廣辭苑》解釋為「閑寂的風趣」，譯為閑寂，說起來更像是當今中國話，或者縮寫為WB。

我們古人看見苔，看見的是荒廢，人去樓空，國破山河在，或者「詩人甘寂寞，居處遍蒼苔」，或者「漢苑飄苔，秦陵墜葉，千古淒涼不盡」，豁達如李白，也不免低吟「門前遲行跡，一一生綠苔。苔深不能掃，落葉秋風早」。苔是靜寂的，杜甫也曾說「蒼苔濁酒林中靜」，這種靜寂讓日本人感到時光的凝滯，聯想到古遠與恆久。一九九九年法定為國歌的《君之代》唱道：砂石變巨岩，岩上生蒼苔，直到千代八千代。所謂滾石不生苔，只要石不滾，就會長滿了青苔，日本人覺得它是從石頭內部生出來。苔常綠，枯而不死，有如天皇家，春秋爭霸，哪個幕府都不去推翻，便得以一系萬世。靜寂的盡頭是死亡，「苔下」一詞指墳墓之下。

京都有一座西芳寺，是臨濟宗禪寺，俗稱苔寺。當初叫西方寺，禪僧夢窗疏石主持重建，更名西芳寺，取自祖師西來，五葉聯芳。後毀於兵燹，現存建築是明治時代的，世界文化遺產也登記在案。遊覽它有點麻煩，須用明信片預約，門票比其他庭園貴得多，進了門還得先抄一紙《心經》，然後才可以看園子。整個庭園被青苔覆蓋，無愧於芳字，油然生出了「應憐屐齒印蒼苔」的愛心。其實，寺外附近的護崖石壁上也生滿青苔，看來是地理環境所致。正當梅雨時節，濛濛雨霧中地衣格外綠茸茸，倘若跪在這上面寫經，大概更能領悟不生不滅，心無罣礙。

夢窗疏石有七朝帝師之稱，鎌倉的瑞泉寺也是他的園林傑作。他說：愛好山水（園林）說不上好事或壞事，山水無得失，得失在人心。中國的好些事物及思想觀念日本都不曾接受，這是人之常情，正如十月革命一聲炮響，也不可能把什麼都給我們送來（其實是拿來）。譬如人定勝天，這種想法日本就不大有，以致缺乏創造性，但他們真擅於把人家的東西改造得像模像樣。拿園林來說，中國理念基本是「主人無俗態，築圃見文心」，而日本要顯現禪心。典型是所謂枯山水，也叫假山水，藝術手法得自中國水墨畫，尤其是餘白。土牆環繞，白砂鋪地象徵水，其間擺佈石塊，直把人看得枯淡幽寂，一片禪趣。而今水資源危機，應該把這個枯山水作為日本的代表性文化推廣世界才是。

日本古代美意識來自中國，主要是渡海而來的大陸人和日本的遺隋、遣唐人員帶來的。到了中世，這一價值體系崩潰，人們在物質匱乏之中追求精神充實，有意對抗權貴的奢華，矯情地製造出窮困簡素的茶道理念。沒有高貴的茶碗，就拿來朝鮮半島上窮人吃飯的碗喝茶，硬是喝出美，好像有一點窮講究、窮歡樂的意思，從根底上說，似乎這種審美也不可謂高。近世松尾芭蕉厭煩了市井喧鬧，傾心於這種茶道，藉以形成了獨特的俳句風格——蕉風，基調就是一個「寂」字。讀作sabi，若時髦地縮寫，就成了SB，大有被誤為當今國罵之虞，也就不好再說下去。前些日子真聽見過國人看了半天枯山水嘴裡就冒出這兩個字，或許那意思是魯迅筆下的：這不壞，媽的你嘗嘗看！

裸祭

祭祀、祭禮，這樣的詞語日本也使用，但更為慣用的是固有的語言，只寫作祭字，讀若「馬吃力」。大大小小的祭，多是給神抬轎子，吃力的不是馬，而是人。除了神主作法一本正經之外，整個祭就是個熱鬧，好像拿神鬧著玩。神坐的轎子叫「神輿」，被人們抬著忽悠，什麼樣的神也非迷糊不可。相比之下，中國的祭祀似乎集體活動比較少，多限於個人、家庭。即便用糖糊弄灶王爺上天言好事，也嚴肅有餘，比日本少了些野性。這種野性尤其表現在事祭的男人近乎裸。

大名鼎鼎的漫畫家柴門文，女，在東京最高檔的去處銀座遭遇過裸祭，就是有一群男人抬神輿，身穿號衣，胯下繫一條兜襠布。她寫道：「在銀座正中心，大白天，我近在咫尺看見男人露出的屁股。近得能看清一個個毛孔。耷拉的屁股、結實的屁股、屁股、屁股、屁股，屁股淹沒銀座路。真精彩。」她估計日本男性想露屁股的欲望根源在蘇民祭。

蘇民祭的緣起是這樣的：北海男神去南海女神那裡，途中借宿，叫巨旦將來的富人拒絕，而他弟弟蘇民將來雖然窮，卻熱情招待。男神歸途殺巨旦，告訴蘇民：後世有疾疫，只要說是蘇民將來之子孫，編白茅圈帶在腰間，就可以祛病免災。蘇民祭是裸祭，岩手縣黑石寺（天台宗）的蘇民祭最有名，舊曆正月初七鬧一宿，是日本三大奇祭之一。

裸祭有兩種，一種是繫了兜襠布，就是像柴門女士光天化日之下在銀座觀看的，另一種全裸，赤條條來去無牽掛，黑石寺蘇民祭堪為代表，柴門文也特地去觀賞了。只見男人們踏雪裸奔而來，有四、五百人，其中約百分之二十是全裸，雄赳赳毫無愧色。她覺得美，夢幻一般美。據當地人說，過去只有做皮肉生意的女人才會看，如今連年輕女人也來看，當然，看的是民俗，看的是傳統文化。

大和民族是喜歡裸的民族，男人們一有機會就要裸。對此，三島由紀夫有一套說法，云：維新後文明開化時代的日本完全否定舊日本，否定也仍然遺留的舊風俗就絞盡腦汁不讓外國人看見。那時候，北歐人在工匠聚居的街上看見日本男人居然有全裸著大搖大擺走路的，吃了一驚。當權者不好意思了，嚴加取締，但問題是不僅有庶民的低賤的裸，也有與奉為國家宗教的神道相關的神聖的裸，難以一掃，好在那都裸在當時外國人不會涉足的鄉下。城市知識階級認為自己是與裸祭之類的「蠻風」無任何瓜葛的人種，他們抱持這種偏見上百年。戰敗後一切價值都顛倒過來，神聖的不神聖了，低賤的不低賤了。曾幾何時日本變成世界上數一數二的工業國，物質文明達到最高水準，可以跟歐洲比肩，也就有了自信，不必再畏懼西洋人的眼光。十九世紀後半世界文明只有一個，歐洲文明與「文明」是同義詞，而現今文明的多樣性從比較人類學或比較社會學的角度已然是常識。交通發達，旅遊盛行，所有稀奇古怪的東西都變成觀光資源。四下裡一看，舊東西破壞殆盡，趕緊用鋼筋水泥重建一座座古城。所有封建遺習如今都變成缺乏觀光資源的新興國家美國所沒有的誘惑蜜糖。而且驕傲的是，不論如何拿封建遺習自誇，全世界的人也不再把日本人視為封建的國民，而是半導體收音機的生產者。這樣，對一切舊東西、舊的奇異習俗的羞恥心消失，「蠻風」不是藏起來不給西洋人看見的東西了，反而驕傲地顯示身上留有的原始性。有如過去疏遠的親戚變成大款，便馬上套近乎一樣，連城市知識人也甚至想對人說「其實跟這種習俗有很深的關係」。

不過，明治年間追隨西歐而養成的乃至由《菊與刀》一書把日本文化歸類為恥的羞恥心似乎並沒有像三島說的那樣消失淨盡。二〇〇八年蘇民祭的招貼畫上露出胸毛，鐵路部門認為有礙觀瞻，不給做廣告，轉年就不見人影，只是一張黑石寺本堂的雪景。警察虎視眈眈，警告宗教行事赤裸裸也屬於公然猥褻。一些暴露狂大老遠趕來，不畏地凍天寒地盡情裸露，黑石寺的女住持一臉無奈，只好犧牲了文化傳統，自二〇〇七年禁止了全裸。柴門文是二〇〇三年去看的。

她看裸祭是當作「日本入門」，而我不曾看，當然對日本就更是門外漢，雖然作為漢子，跟日本男人也就差在想不想裸、敢不敢裸。人生下來是赤裸的，但一點點長大，便遮掩起來，裸不是日常的了，於是裸就有了回歸原初的意義。在我看來，大相撲的裸還算是正常，露出日本文化原始性一面，而電視上藝人搞笑，裸得就變態。

猴

朋友來日本觀光，驚奇還有耍猴的。

宋《太平廣記》記載蜀國有一個叫楊幹度的人會耍猴，大概日本人最初見識這把戲的是遣唐使。現在日本仍然耍，而且他們也愛看，耍的人和猴時常上電視。有一個「日光猿軍團」，赫赫有名，老闆靠一群猴子發大財，老窩在櫪木縣日光。

單說一個酒字，在日本就是說日本酒（清酒），單說花就是櫻花，單說猿就是「日本猿」；他們叫「猿」，而我們通常叫猴。日本地方小，物種自然少，而日本猴是自來就有的，陳壽《三國志》記之為獼猴，尾巴短，紅臉紅屁股。一九六〇年在青森縣下北半島發現了猴群，被認定是地球上棲息最北的，雪地裡猴子泡溫泉乃日本奇景之一，人見人笑。再往北的北海道不生猴，琉球列島和朝鮮列島也沒有野猴。

據考古發現，原始的繩紋時代人吃猴。西元六七五年天皇頒詔，禁食牛馬犬猿雞。十九世紀中葉英國人 **Robert Fortune** 造訪江戶，肉鋪裡沒有牛羊肉，幾家店頭掛著猴子，剝了皮，人模人樣的，看著很可怕。一九四五年戰敗，日本猴數量條然銳減，因為糧食難，給人捉來吃掉了——人向來只顧自己活，這就是人性。

牛馬犬為人所用，食之不仁，雞下蛋報曉，也不該被吃，那麼猴子呢？它可以

當「弼馬溫」，好像在中國這只是《西遊記》的故事，而日本的武家馬廄裡真的養猴子以避馬瘟，或者放上猴頭蓋骨發揮作用。日光東照宮是德川家康的遺骸所在，殿堂輝煌，有一神廄舍，也就是馬廄，上面雕刻了好些猴子，遊者必覽。其中有三猴，掩耳的，捂嘴的，遮目的，那意思是「非禮勿視，非禮勿聽，非禮勿言」。

白居易有詩：年衰自無睡，不是守三屍。何謂三屍？原來人體寄生的蟲子叫三屍，是天帝安插的奸細，每當庚申之夜，趁人睡熟了上天去告發其罪，天帝就讓他早死。人創造了神，當然也自有對付的高招，那就是守庚申，瞪眼不睡覺。這個道家之說在唐代傳到了日本，起初權貴們藉以秉燭夜遊，幾個世紀後佛教、神道都摻合進來，形成了庚申信仰，江戶時代大為流布。中猴酉雞，這信仰又拉上猴子。村人們三年搞十八回庚申活動，立一塊石碑，以資紀念，叫作庚申塔。上面常刻有三隻猴，不見、不聞、不言。明治以後庚申信仰被當作迷信破除，耍猴也滅跡。經濟大發展，百廢俱興，一九七〇年代山口縣人復活了耍猴。一個在日光開鋪子的，從電視上看見了，也弄來兩隻猴子幹起這營生，逐漸壯大，一九九〇年組建了「日光猿軍團」。本世紀又有人搞了個「日本猿軍團」，還惹起一場商標權官司。

日本人喜歡猴子，終歸因為它像人不是人，可以當笑料。所謂「猿面冠者」，就是長得像個猴，尖嘴猴腮，歷史上最有名的是豐臣秀吉。畫上也都這麼畫，跟肥碩的德川家康正相反。小說家柴田鍊三郎為豐臣辯護，說他不矮小，「瘦軀」罷了，瘦軀的英雄們下場總是悲慘的。

尾崎行雄號咢堂，被稱作議會政治之父，也曾主張用英語取代日語，他在《咢堂自傳》中寫到福澤諭吉，稱之為先生，道：「那時先生一邊用鑷子拔鼻毛，一邊用古怪的眼神斜視我的臉，問道：著述什麼的打算給誰讀呀？我不高興他那種態度和用詞，但壓住怒氣，一本正經地回答：為了給一般有見識的人看。先生便訓斥：你這呆子！要寫給猴子看！我寫總是抱著給猴子看的念頭寫，世上這就正好。還做出誘人似的笑。」

日本有不少來自猴子的諺語，如「猿智慧，牛根性」，猴奸與牛勁兒相對，一張一弛，迪士尼電影也常用這兩種性格搭檔。「猿智慧」不過是小聰明，甚而很可悲：有一個島，好似花果山，島上有五百隻猴子。某日，一猴遙望大海彼方，想像那裡更美好，便跳進海裡遊去。眾猴見那猴子一去不復返，認定它找到了好地方，也一個跟一個地下海，從此不知去向。

陪友人逛了日光之後，偶然在圖書館裡看見一本書，叫《世界的三猿》，原來世界到處有三猴文化，甚而四猴五猴，捂襠的，捂腚的。我們的子曰本來是四勿，還有一勿是「非禮勿動」，有幾人能像顏回那樣「請事斯語」呢？人終究是穿褲子的猴子。

天狗

關於天狗，小時候聽說過天狗吃月亮的故事，還有二郎神帶一條狗是天狗。大了以後讀郭沫若的詩，他歌唱天狗。再後來到了日本，到處有天狗，便尋思，郭沫若是在日本寫的天狗，那天狗應該是日本狗罷。

陳寅恪批註《舊唐書》，有這樣一條：「天狗，日本所傳，當由唐代輸入。」什麼東西傳到了日本都會被改造，天狗也伸長了鼻子，趿拉上木屐，而且是當中一個齒。孫悟空跟二郎神比試，變成一堆屎，被天狗吃了，可見中國的天狗還是狗，雖然本領大到吞月亮，卻改不了吃屎。日本的天狗不再是狗，藤澤周平在小說中寫到三個村民看見「天狗衝開月光下發亮的芒草疾奔」：

「天狗從東方來，橫越道路，飛入西方原野，眼看著越來越小消逝了。橫越道路時看了看登時嚇得木然不動的三人。嘴角裂到耳朵，眼睛火紅，從路上向西方原野飛起時，一個人確實看見它腋下扇動了翅膀。

還有一天早上，穿過原野的道路近旁，天狗吃剩下的野狗散亂著幾副慘烈的骨架；又有一個晚上，月亮落下去的黑暗中突然燃起熊熊火焰，光亮中站著巨大的天狗。」

這不正是郭沫若高歌的天狗麼：「我飛奔，我狂叫，我燃燒」。當年打敗了俄國北極熊的日本不就倡狂得「我是一條天狗呀！我把月來吞了，我把日來吞了，我把一切的星球來吞了，我把全宇宙來吞了」麼？

在東京街頭只能看見面具似的天狗，掛在酒館門口，狗臉紅紅的，確然像「我的我要爆了！」天高雲淡，去高尾山賞紅葉，先在月台上看見最現代的天狗形象，花崗岩雕鑿的，重十八噸，鼻長一點二米，一副兇神惡煞的尊容。山上藥王院裡有好些天狗，模樣各異，可見日本關於天狗的傳說很紛紜。

京都曼殊院藏有兩卷十四世紀的古畫《是害房繪卷》，被列為重要文化財物。這個是害房是大唐的天狗頭領，渡海來到比睿山，變作老法師，找天台座主慈惠大僧正鬥法，結果被捆住打個半死。想要洗溫泉療傷，日本天狗說，溫泉是靈地，去了更遭殃。一群日本天狗就做了澡盆，燒水幫是害房浴療，然後舉行歌會，送它回老家。畫上的天狗是人身，從頭到尾很像鷹。這一則日中友好的佳話出自大約十二世紀前半成書的《今昔物語集》第二十二卷《震旦智羅永壽渡此朝語》。芥川龍之介的小說《地獄變》寫一個技藝高超的畫師，狂妄而冷酷，人送綽號叫「智羅永壽」，就是這中國天狗的名字。

日本傳說中有兩種怪物，河童與天狗，河童的屁是無聊的，天狗挺著一根炮筒似的鼻子，傲慢無疑——「我便是我呀！」

指日談

觀音菩薩的腳

有人說日本人凡事取向縮小，這大概是不錯的，但實際上，被說成恰恰與之相反的中國人有時也欣賞縮小，例如纏足。可能本性畢竟是擴大與誇張，所以把小也縮得太誇張，金蓮要三寸。對於女人的腳，似乎全世界審美都傾向小。單說日本，十七世紀末井原西鶴的色情小說《好色一代女》把美腳定為二十來公分，而谷崎潤一郎說，明治女人好看的腳小巧玲瓏，簡直能放在掌上。不過，唯有最講究中庸、講究過猶不及的中國人卻最愛走極端，全國上下齊變態，以至如今被外人說起纏足這事還叫人臉紅。

日本人善於而且慣於拿來人家的事物以及文化，但也有拿不來或者沒拿來的，例如纏足。到了中國人醒悟纏足是惡習的時候，日本女人的腳就引人注目了，美的是天然。清末很先驅的人物王韜渡海東遊，欣賞的「最是舞裙斜露處，雙趺如雪似觀音」。到底是菩薩，不曾被中國人塑造一對小腳丫，逃過一劫。這正是：域中一統到梵家，漢語鏗鏘誦法華，菩薩若非能普度，一雙小腳立蓮花。王韜說的是藝妓。江戶時代藝妓一般穿白布的雙叉襪子，黃遵憲詠之「鴛鴦恰似並頭眠」，只有深川（在今東京江東區，那裡仍殘存藝妓）一帶的藝妓冬天也不穿襪子，很有點颯爽，以此出名。可能那雙腳也像臉一樣塗了白粉。全身被絢麗的和服裹得如同鋪蓋卷，只露出腳來，就帶有原始性，甚而還顯得神聖。浮世繪常畫這樣的藝妓或色妓，以撩撥人心。

周作人那一輩初抵日本仍然要讚美女人「在室內席上便白足行走，這實在是一種很健全很美的事」。不光中國人，早年歐美人也讚賞日本女人的腳。莫賴斯有「德島小泉八雲」之稱，當過首任葡萄牙駐神戶領事，在日本生活三十多年，一九二九年病故於德島（在四國島上的德島縣）；他介紹日本，有一篇《燦爛的腳》，寫道：「日本女性用和服把小小的身體整個包起來，多半場合連手也藏在大袖子裡，只露出小赤腳，實在是一種難以形容的美。」

一九四〇年佐多稻子出版了長篇小說《光腳丫女孩》，是這位普羅文學女作家最暢銷的作品，甚至有人曾想借這個題目拍電影。十五、六歲的女孩叫桃代，冬天裡也光著腳和小狗賽跑，被鎮上的小夥子們看見，叫她「光腳丫女孩」。她就想：「自己只是厭煩穿布襪子才光腳，好像這就讓人看著奇怪。這個綽號顯得我有點被人愛憐，彷彿從外部看見了自己野生野長的粗野姿態。」女孩的性意識從腳上覺醒。

八〇後來日本的這一代人，對女人的腳應該不大在意了，因為中國女人夏日穿涼鞋，前面蒜瓣，後面鴨蛋，早已不是隱秘之物。但我有個好奇，那是讀川端康成的《雪國》讀來的：無所事事的男人覺得那個女人簡直清潔得出奇，「好像連腳趾底下的窪溝也乾乾淨淨」。諾貝爾文學獎得主怎麼就想到那兒去了呢？不過，很快也就明白，腳經常赤著裸著跣著，底下的窪溝當然也難得乾淨，藏汙納垢。後來讀到用普羅文學理論寫俳句的栗林一石路的俳句，給死去的妻擦拭腳掌的污垢云云，多少感覺了那種無產階級的哀傷。

赤腳穿木屐或草履，日本稱之為「素足」，打赤腳叫「裸足」。李白詠越女，說「屐上足如霜，不著鴉頭襪」，留學日本似不妨拿來當題目，洋洋灑灑寫一篇從「素足」至晚於唐代傳入日本，看中日文化的歷史走向之不同。明治年間來自大清國的黃遵憲們感歎「足如霜」時日本人開始「穿革履，無不襪」，關注的是大腿粗細長短的入歐問題了。穿和服亭亭玉立，走路就要走內八字，這內八字穿草履走起來才可觀。穿迷你裙或牛仔褲走內八字，好似哪位在馬路上邁模特的貓步，足以駭人。對腳的讚美，似乎一般都只見其白，大白於天下，至於形，比方說它像張開的摺扇，倒不大聽說。

說到腳形，日本文學當中最有意思的是谷崎潤一郎描寫的「瘋癲老人」。這個老人已完全喪失性能力，但可以用各種變形的、間接的方法感受性魅力，他迷戀兒媳婦颯子的像柳鰈魚一般柔嫩而細長的腳，把它放在自己的膝蓋上，五個趾頭一個一個捏著看，進而跪著捧起來，把大拇趾和食趾、中趾都塞進嘴裡。畢竟是無能，事態不曾按佛洛伊德的戀物癖理論從局部發展下去，以至裸體，讓我們的魯迅給一句冷嘲，而是更具有喜劇性，令人佩服谷崎這位大作家晚年的想像力。他寫的是自己，那兒媳婦也是真的，叫渡邊千萬子，幾年前出版《谷崎潤一郎・渡邊千萬子往復書簡》。老人沒瘋癲成燕太子丹，把「美哉手也」砍下來，或者阿部定，把男人的那話兒割下來帶走，他要拓下颯子的腳形，刻成佛足石，給自己當墓石，長眠其下。颯子「只要想到用自己的腳做模型的佛足石，就聽見那石頭底下的骷髏哭泣。我一邊哭一邊叫喊：疼啊，疼啊。叫喊：疼但快樂，無比快樂，遠遠比活著的時候更快樂。叫喊：再使勁兒踩，再使勁兒踩。」不消說，瘋癲老人死後，周圍的人是不會滿足他的欲望的，一句話便了結一切：變態。

朱舜水

朱舜水，這是他的日本名。他本來叫朱之瑜，德川光國把他老人家請到江戶，執禮甚恭，不敢直呼其字，他只好給自己起了這麼個號；舜水是他老家一條河。

德川光國是水戶藩第二代藩主，後世變成了傳說人物，就是電視劇沒完沒了搬演的「水戶黃門」。他確有奇行：被立為世子，覺得對不起大哥，於是把侄子收為養子，所以第三代藩主又是他大哥的後裔。朱舜水稱讚光國讓國而泯然無跡，真大手段。水戶這個地名也曾給魯迅留下印象，見名文《藤野先生》：「從東京出發，不久便到一處驛站，寫道：日暮里。不知怎地，我到現在還記得這名目。其次卻只記得水戶了，這是明的遺民朱舜水先生客死的地方」。不過，朱舜水死在江戶，並非水戶，時間是一六八二年四月十七日，享年八十有三。

一部中日交流史，從日本來說基本是留學史，從中國來說幾近流亡史。大概除了鑒真等幾個和尚為傳教而渡盡風波，其他中國人，遠自徐福，近至郭沫若、邱永漢，沒一個是專程來弘揚中華文化的。朱舜水也屬於亡命。梁啟超將他列為明末清初五大儒師之一，與黃梨洲、顧亭林、王船山、顏習齋比肩，但好像他在中國只有十五首詩收錄在《姚江詩存》中，幾無影響。康有為作詩讚頌，其一是這樣的：孔子已無丁祭拜，學風掃地喪斯文，我遊印度佛教絕，一線儒學或賴君。朱舜水「屈於明室，而伸於」日本，其價值即在於給日本人點撥了儒家思想及學問。

朱舜水參加鄭成功的北伐軍，兵敗，逃到舟山，乘上商船，航線慣例是先至長崎，再往安南。此前他附船經商，六到長崎，其中有一次是隨同明臣來乞師，鎩羽而歸。朱舜水清楚，德川幕府已鎖國四十年，曾有南京富商十九人磨破了嘴皮要留寓，終未獲准。然而，一個叫安東守約（號省庵）的，卻拉住袖子似的請他就此留下來。安東奔走請託，終於使長崎鎮巡破例「開此厲禁」，朱舜水得以留駐日本。安東的年俸不過才二百石，實際領大米八十石，拿出一半來供養孤身飄然的舜水先生。朱舜水是講求實際的人，深知這份情義的難能可貴，視安東為「知己」，這二字他平生只給過兩個人。

又有叫小宅生順的，其才過人，亦有見識，非常人所能及。朱舜水在長崎五年，不大為時人所知，二十七歲的小宅奉命到長崎尋求碩德耆儒，與明人流寓者筆談，發現朱舜水最有學問，推薦給位居幕府宰相的德川光國，於是聘召朱舜水東上江戶，待以賓師。「江戶禮聘，實先生全生涯之一轉捩」（梁啟超語）。

光國當初是浪蕩公子，十八歲時讀《史記》，有感於伯夷事蹟，立志編纂史書。老後致仕，自號西山隱士、梅里先生。黃遵憲詠朱舜水有云：「終身恥食興朝粟，

やきとり
営業中

更勝西山賦采薇」，光國對朱舜水其人發生興趣，可能首先也在於他不食清朝粟。跟朱舜水讀過兩年書的安積覺（號淡泊）說：「非西山公之好賢，則不能發先生之蘊，相遇於千里之外，竟成天下之奇。」這是一點不錯的。朱舜水本人曾辯白，自己已經大半截入土了，哪裡有立功異域的念頭，但碰到了好人，雖然身為老外，也願意看見德化在日本成功。德川光國賢明謙厚，尊德樂道。朱舜水也去過水戶，短期滯在。在那裡講學，「老者白鬚白髮，亦扶杖聽講」，這種向學熱情令他大為感動。光國在江戶為舜水先生構居，他當初謝絕，後來還是住了進去，並長逝於此，遺址在今東京大學農學部院內。光國輯成《朱舜水先生文集》二十八卷，自署門人。

朱舜水喜愛櫻花，甚至說「使中國有之，當冠百花」。後來中國真的有了櫻花，但歷史並不像他想的那樣世世和好，所以櫻花再可觀也難以居萬紫千紅之首。舜水先生七十歲時曾「欲辭西歸」，但光國不允，終於死在了異鄉。墳是明朝式的，在水戶藩瑞龍山麓的德川家墓地，岡阜縈回，林木鬱蒼。他「自誓非中國恢復，不歸也」，而今我大清早已寫入中國歷史，主子奴才們在影視上風光，骸骨歸不歸？黃遵憲詠朱舜水，前兩句是「海外遺民竟不歸，老來東望淚頻揮」。效顰一首：

世事應知常代謝，恩仇偏教心難灰，幾人不食興朝粟，海外遺民也望歸。

結

「中國結」好像是上世紀末晚流行起來的，不僅外國人驚奇，像我這樣「生也晚」的中國人這也才知道中國還有這般漂亮的手藝。要說結，小時候學會繫鞋帶，上學後戴上紅領巾，文化大革命前女生還可以美美蝴蝶結，下鄉學會豬蹄扣，雖然終於不曾在豬蹄上實施，大半生結來結去，但總的來說，循蹈毛式辨證法，不破不立，生活向上，打結的事物越來越少，幾乎只剩下西裝革履，紮紮繫繫很洋氣。所謂「中國結」，基本是用於裝飾。

結在日本生活中也趨於減少，但日常仍在用，不免因我國少見而對它多怪，或說保持著傳統，或說落後於時代。例如在溫泉鄉宿泊，不以星評級的和式旅館有別於洋式飯店，備有輕薄的單和服，用一條寬布帶子纏腰，可以穿著在館內及街上遊走。若罩上外褂禦寒，也是繫短條，條所用布料與外褂相同。如果穿谷崎潤一郎寫過的「半袖」，還得裡外結兩道，左襟一道，右襟一道。

參觀博物館，原始時代的石斧被想像為綁縛在木棍上，而綁縛的方法似並非基於研究，很有點隨意。釣鉤、配飾等必然用繩線結綴。在人類生活史上，火和結是兩大發現，如果說火還具有自然性，那麼，結就完全是人的創造。結等於工具的一部分，是使用工具所必需的技術。譬如挑擔，不用繩索，不會打結，東西是挑不起來的。結也用於禱咒祝祭，器物圖案不少應該是結的象徵。源自結的語言概念在現代猶至為重要。有人類學家說，「結的威力在蠻荒時代超過今日原子能」。

據唐初編修的《隋書》記載，五、六世紀的日本「無文字，唯刻木結繩」，遣使朝貢，國書卻寫著「日出處天子致書日沒處天子無恙」云云。隋煬帝惱怒，但畢竟有大國風度，還是派出了文林郎裴清前往倭國答禮。裴清攜帶的禮品用紅白兩色的麻繩捆紮，以求海路平安，這就是日本送禮用「水引」做裝飾性包紮的緣起。「水引」即紙繩，喜事用紅白、金銀之色，喪事用黑白或藍白、黃白。結法多樣，有諸多流派，各有說道，如小笠原流、伊勢流。日本愛送禮，如今遇有紅白喜事送賀儀或奠儀都無須自己動手，去商店買來現成的如儀封筒把錢裝進去即可。所謂傳統，實質上慘遭商業破壞，卻又靠商業維持著表面的熱鬧。

女性裹一身和服，婀婀娜娜，堪為日本第一美。做和服幾乎不量體裁衣，穿在身上，用折迭、掖挽、繫結等方法成型，以線條為美。江戶時代身分秩序很森嚴，一般庶民不許穿用紅、紫等顏色，但幕府對妓館、歌舞伎睜一隻眼閉一隻眼，藝人和妓女領導新潮流。十七世紀初，和服帶子還是細細的，長也不過六尺五寸，只有一種結法，但到了末葉，有一個走紅的男旦把帶子加長到丈二，世上效尤，從此和服帶子追求長大、奢華，在背後打成各式各樣的結。完全是一種裝飾，我們看著竟如同背了個包袱。

日本還使用包袱皮，時見大學生用包袱皮包上幾本書上學。包法也是有講究，譬如結婚送禮，包袱皮不能打結，因為人家要解開，對於婚姻不吉祥。古裝影視劇上常見，武士戴兜鍪好像馬戴籠頭似的，帶子繫得頗複雜。江戶時代武士腰間兩把刀，一大一小，繫刀的帶子打結，從結的樣式能看出他屬於哪個諸侯國。武士廝殺，婦女幹活，都要用帶子把寬大的衣袖束起來。如今廟會上也常見頭上纏抹額，胯下繫犢鼻褌。相撲力士腰間一條兜襠布，結打得結實，拽不開，扯不掉，好似馬拴在樁上，船繫在岸邊。到廟裡抽籤，自覺投幣，一簽一百元，若抽到凶，就把它結在廟裡備好的地方，別把壞運氣帶了走。看過的報紙積成堆，丟放垃圾站，日本人也會捆紮好。最近翻閱了一本《結法圖典》，其中也教人如何捆紮廢報刊。學會了紮領帶，也該學學捆垃圾。

臉

臉是人體開天窗最多的部位，所以從繁體字來看，臉這個字似乎比顏更象形，但當代日本不使用它，只是用顏字，「過後盡開顏」的顏。

中國人旅遊日本，走在街上便有了遺憾：不聽人說話根本不覺得這是出國了，面孔都一樣。再感歎下去，可能是一通同文同種論。歐美人出現在日本電視上，話說得無論多麼流暢也一眼能看出非彼族類，而中國人要想當老外，就得把腔調弄得怪裡怪氣，說不定還是被當成他們在國外長大的後裔。

有個叫西尾幹二的，多年前出版了一本《國民的歷史》，書前附有二十多幅佛教造像的圖片，題為「日本人的臉」，說這樣的造像藝術，除了古希臘，滿世界沒人比得上。當時他組建「新歷史教科書編造會」，經常上電視，我不由地留意他的臉，發現那正是「豬頭小隊長」的長相，忍俊不禁，涉筆也貶損一言半語。說來也真怪，日本名人的尊容有幾張我特別看不上眼，如論客渡部升一，好像小時候那臉上總是大鼻涕過河，留下了痕跡，顯得髒兮兮，他其實是富家子弟。偏巧他們都歸為保守派，我的好惡便像是以政治面貌取人，實際上渡部之流的著書我向來用心讀。就照片所見，日本作家裡最難看的非松本清張莫屬，我卻很喜愛，那一臉的忠厚，可他在政治與社會問題上偏偏是倒向日共的。

日本人特別在意自己的臉。關於日本臉的文字記載，最早見於我們陳壽的《三國志》，說「男子無大小皆黥面」。穿衣戴帽，唯其臉裸露，或許心有所不甘，便大肆塗抹。最誇張的是藝妓，把臉塗得慘白，並非像抹牆，而是塗成一片白白的鴨蛋形，然後點櫻唇，若細加端詳，那頗有「巧笑倩兮，美目盼兮，素以為絢兮」的意思。影視劇裡武士總愛把斗笠或草帽壓得低低的，細作、盜賊就要將布巾繫在鼻孔下，而虛無僧的「天蓋」更像筐，兜頭蓋臉。大概在文明世界，只有日本的能戲還是帶假面表演。漫畫的大眼睛高鼻樑，恐怕也不免從小給日本人烙印以歐美人為美的劣等感。

日本人向來自詡凡事跟別人不一樣，世界上獨一無二。文化還好說，這張臉可怎麼說呢？也自有說法。編寫《梅脯與日本刀》大有名的考古學家樋口清之說，日本人的臉三百年一變，長臉變圓，圓臉變長。江戶時代臉就由長漸變為圓，貓頭貓腦的，到了明治維新那陣子又轉而變長，大有「入歐」之相。歐美臉不僅長，而且白，於是一個叫田口卯吉的文人鼓吹戴禮帽，曬不著太陽，那不就白若歐美？看江戶浮世繪，畫的卻多是長臉，莫非正因為現實中少見，才認為馬面最好看？但司馬遼太郎好像跟這個週期性唱反調，認為日本人的臉大概是始於大正末年，日見其圓。

不過，「作家是一種蛀蝕人心的工作」（勞倫斯語），不聽也罷。可聽的是專家的研究，據之，戰後幾十年，日本人的臉變化比較大，越拉越長。原因之一是食物越來越軟，吃軟飯無須咀嚼，長此以往，就會像魯迅說的，下巴總要慢慢掛下，將嘴張了開來。多吃硬食能增強咀嚼肌，聽說餅乾之類的食品在包裝上也要標示硬度了。

日本人總捉摸自己的臉，究其原因，或許是困惑於不知道自己從哪裡來。最早到日本列島上定居的人被叫作繩紋人，臉像熊一樣圓，據說阿伊努人就是其劫餘僅存。大約兩千年前從大陸渡海而來的人叫彌生人，臉型橢圓，跟早已成土著的繩紋人混血，生下現代日本人的祖先，天庭飽滿，地閣方圓。把這三種人的臉混合，畫出日本人未來的模樣，像一粒松籽，下巴尖尖的，怕是長牙的地方都不夠。

近年來女性時髦小臉，化妝仍不見小，乃至抽脂肪，動手術，全不管大東亞天成的骨架。平常與日本人接觸，每每也感覺他們像帶著假面。現任日中文化交流協會會長的辻井喬有詩吟道：「尋覓／失落在假面／與假面之間的／我的臉孔」。

復仇

在日本沒大聽過報恩的傳說，雖然那本寫日本人日本文化的名著《菊與刀》把情義寫得娓娓動聽。民間故事裡倒是有一隻報恩鶴，然而人不守信用，它傷心離去。常聽說的是復仇。日本歷史上有三大復仇，其中元祿赤穗事件尤為出名，今天也活在男女老少的心裡。

元祿是年號，事件發生在元祿十五年，即公元一七〇三年。赤穗是一個小藩（諸侯國），產鹽，在今兵庫縣境內。藩主叫淺野長矩，官職為內匠頭，不知何故對吉良義央（官職為上野介）懷恨，在幕府大內相遇，竟好似精神病發作，拔出腰刀就砍了他兩刀。正當答謝天皇的敕使和太上皇的院使之日，尊崇皇室的第五代將軍德川綱吉怒不可遏，嚴令淺野即日切肚皮，並斷絕世襲，沒收領地。這下子赤穗藩武士就都得變成喪家犬。大石良雄是家宰，「萬山不重君恩重，一發不輕我命輕」，連他在內糾集四十七人，月明星稀的拂曉衝進吉良宅邸，砍翻十幾人，殺死吉良，用長槍挑著頭顱到淺野墓前祭奠，然後自首待罪。這個事件到底算義舉，為主子盡忠，還是枉法作亂，從幕府到學界議論紛紛，令德川將軍左右為難。

若翻閱中國史，案例不難找，唐代就有個徐慶元，乃父被冤殺，他殺了縣吏後投案。那位「念天地之悠悠獨愴然而涕下」的陳子昂對此案是這樣主張的：繩之以法，也以此成全他殺身成仁，然後再大加表彰，樹立一個子報父仇的楷模。復仇倫理在中國是早就發達的，七世紀日本拿來中國法律，卻不曾容許復仇。自十二世紀末葉武士當道，引進復仇觀，崇尚復仇，盛行復仇。推行文治的德川綱吉向一位皇親討教，得到的答覆是：為亡君復仇是一般學不來的忠義，但赦免他們，倘若晚年有哪個人墮落，豈不有損於此次義舉，不如現在讓他們一死，佳話將流傳後世。有時候賜死不也是仁慈嗎？於是，德川綱吉斷然令大石等人剖腹自裁。果不其然，街談巷議更鼎沸，大加美化地搬上舞臺，形成「忠臣藏」一戲，至今不衰。赤穗有三百多武士，鋌而走險的充其量才四十餘人，「忠臣」裝不滿一倉庫。

《兒女英雄傳》中有話：報仇的這樁事，是樁光明磊落見得天地鬼神的事，何須這等狗盜雞鳴，遮遮掩掩。確實，要說殺人的理由，再沒有比復仇更正大光明的了，以身試法也值得同情。人生在世，也就是恩仇二字，但報恩不易，復仇更難，那往往要殺人，以致復仇就成了武俠小說的擅場，讓讀者在字裡行間殺他個痛快。讀中國武俠小說，作者都絞盡腦汁給大俠找出復仇的理由，而且不停留於私仇的層次，要上升為國仇。日本人復仇不問是非。十九世紀中葉，富山藩重臣山田勝摩被藩士砍殺，他的兩個兒子知道錯在父親，沒提出復仇。藩府卻認為，即使父親沒有理，當兒子的不復仇也太不像話，把他們驅逐出境。藤澤周平有一個小說叫《又藏之火》，他本人認為比他獲得直木文學獎的《暗殺的年輪》寫得好。取材於歷史事件，寫又藏的胞兄萬次郎行為不軌，奪刀拒捕，被親戚醜藏砍殺。對復仇的執著是武家子弟的臉面和氣節，又藏懷著一股無明火，截住醜藏決鬥。醜藏殺其兄雖非本意，但尊重復仇的遊戲規則，毫不辯解地應戰，成人之美。雙方都被稱作義士，事件發生地豎立著他們的塑像。我們只是把臥薪嚐膽當作故事聽，拿來做做詩，而日本人融化在血液中，落實在行動上。復仇之多，哪個國家也比不上日本，甚而自殺也被用作復仇的手段。所謂以德報怨，在他們看來是有仇不報，予以蔑視也說不定。

中國是文人社會，手無縛雞之力哪裡敢揚言復仇，就只有鼓吹感恩報恩。一旦結下冤仇，也愛拿化解說事，「相逢一笑泯恩仇」（魯迅詩句），「泯卻無邊恩與仇」（郭沫若詩句）。日本人的字典裡似沒有化解二字，日本武士小說（日語為「時代小說」）也少見怨怨相報何時了、冤家宜解不宜結之類的感歎。例如五味康佑獲得芥川文學獎的短篇小說《喪神》，寫父親比武被殺，兒子哲郎太長大後尋仇，仇家幻雲齋收留他，教他武功，八年後學成下山：

幻雲齋倚杖道：「一路小心。」

哲郎太點頭「啊」了一聲，以此作別。跟阿雪也交換了一下眼色，向幻雲齋一

揖，轉身邁步。幻雲齋杖頭的刀光沖他背後一閃。

啊，阿雪倒吸了一口氣。噴血的是幻雲齋。哲郎太拎著滴血的大刀，晃晃蕩蕩下山而去。

五味康佑自道此作是要寫幻雲齋自殺，可謂別出心裁，但幻雲齋之所以選擇這樣的自殺方式，不正是因為他清楚仇恨絕不會在哲郎太心中冰釋，非殺他不可嗎？

漢初成書的《公羊傳》詮釋《春秋》大義，宣導復仇，哪怕百世仇也要復。以史為鑒，例如日軍援助百濟，被大唐打個落花流水，從此日本人前赴後繼地遣人留學，臥薪嚐膽，千年之後打一場甲午戰爭，在那片海上復了仇。漢代對復仇已有所規制，父若有罪，子就不可以復仇。一八七三年明治新政府發佈復仇禁止令：殺人是國家的大禁，處罰殺人者是政府的公權。自古以來子弟有義務為父兄復仇，這是古習。至情雖不得阻止，但畢竟是洩私憤，破大禁，以私儀犯公權，固不免擅殺之罪。

美國人佔領之初，擔心日本人復仇，好一陣子禁止各種樣式的「忠臣藏」。時至今日，不知美國人已否放下心來，卻只怕兩彈之仇在日本人心中是不易化解的，遲早必復。他們送給美國佬一個西施，名子叫「平和」。當年毛澤東會見田中角榮，贈《楚辭集注》，莫不是寓意楚雖三戶，亡秦必楚？

下海今昔

「下海」一詞不大時興了，未必是令行禁止之故，而是官員們教授們早已發現自己本來就是在海裡，用不著棄了帶光環的本行去經商。如今中國整個是商海，到頭來幾家歡樂幾家愁。

據說陳寅恪說過：「我儕雖事學問，而絕不可倚學問以謀生，道德尤不濟饑寒。要當於學問道德之外，另謀求生之地，經商最妙。」他做出那麼大學問，是如何謀生的呢？恐怕以商養學並非易事，起碼時間是有限的，而心也難以二用。

上世紀八〇年代從事編輯行，與日本有關，知道了邱永漢的名字，他是日本主要文學獎之一的直木獎得主。來到日本才知道此公早就下海了，甚至被捧為發財之神。下海是需要勇氣的，令人佩服，卻好像也有點不務正業或不走正道的意思，況且原以為在日本當作家腰纏萬貫，一時想不通他怎麼會下海經商。

邱永漢生於台灣，本名邱炳南，加入日本國籍時改名為永漢，其意自明。母親是日本人。少年時代有志於文學，但是到日本上東京大學，讀的是經濟系。曾被日本警察當作間諜逮捕，一九四六年返台，走私砂糖又被捕過，參加台灣獨立運動而亡命香港。日本戰敗之初物質匱乏，在香港當起了國際倒爺，大發其財。某台灣朋友偷渡日本，完成了學業，留在漢學家倉石武四郎（第一個編纂中國現代語詞典）研究室，法庭卻判了他驅逐，邱永漢替他寫請願書，便寫出《偷渡者手記》。託日本友人拿到新鷹會上宣讀，獲得好評，得以在該會的雜誌《大眾文藝》上發表。恰好倒爺也當到頭，決定去日本當小說家，信心滿滿。新鷹會是長谷川伸主持的寫作學習班，一九六〇年代以前培養了好些通俗小說家，如平岩弓枝、池波正太郎，但邱永漢對這種日本所獨有的方式不以為然。一九五四年以小說《香港》獲得直木獎，作為外國人獲獎，他算頭一個。不料，難以靠小說謀生，他寫道：「我得到直木獎的小說《香港》裡沒出現一個日本人，此前此後寫的小說也都以台灣或中國大陸、東南亞為舞臺，幾乎沒有日本人出場。這樣直木獎審查委員會也接受，不能不說『文學無國界』。可是跟作家獲獎後稿約紛至遝來相比，幾乎沒人來找我。用檀一雄先生的話說：日本人歸根結柢只是對日本人感興趣，所以，報紙或大雜誌主編都對你敬而遠之。」思來想去，結論是只好寫寫有關日本的文明批評，才能與日本讀者有接點。從此寫如何發財，寫中國菜多麼好吃，遠離了小說創作。

其實，在邱永漢獲獎的年代獲得直木獎或芥川獎還算不上社會事件，例如一九五四年吉行淳之介獲得芥川獎，沒人上門來約稿，他在小酒館裡感歎：老鼠從屋頂上跑過，嘩啦嘩啦掉下錢來罷。一九五六年石原慎太郎的《太陽季節》獲獎，因內容驚世駭俗，芥川獎才成為新聞。從此年年例行報導，時而轟動社會，稿約如潮。邱永漢若能像沙家浜的新四軍那樣再堅持一下，或許就會與陳舜臣並世，彪炳日本現代文學史。

沒讀過邱永漢的小說，也沒讀過發財指南。中國社會主義搞出了特色，當貧下中農不神氣了，人人要先富起來，所謂十億人民九億商，還有一億等開張，這種瘋狂勁兒，有如漢哀帝年間民眾蜂起「行西王母籌」。有朋自故國來，幾乎必問到「沒做點什麼買賣嗎」，令我汗顏，曾口占一絕：天旗星眾盡昏昏，黑白貓兒各顯神，愧對海西男女問，臣之壯也不如人。這打油詩與邱永漢無關，乃是讀黃遵憲的日本雜事詩有感，詩是這樣的：朝市爭趨海柘榴，貪同西母鬥行籌，夜深似有鮫人泣，空抱繅絲上蜃樓。（海柘榴，即海石榴，也寫作山茶、椿，古奈良的市場叫海石榴市）所言爭與貪，於今在中國重演。歷史上重農抑商，對商業歷來很有點輕蔑，經起商來不免有一種幹壞事的興奮。無商不奸，憑這條古訓，幹壞事也可以坦然。黃遵憲說，當時日本人跟西洋人互市，「其術不良，操籌握算，遠不如西商，多『先笑而後啕』，中乾而外強」，結果發財好似登海市蜃樓。今夕何夕，我對經商也豔羡不已，只恨做不來，原因之一是只想賺不想賠。邱永漢也多次賠本，遭逢石油危機更損失慘重，以致壞了胃，對於以《食在廣州》一書名世的美食家可是個嚴重問題。

有人從邱永漢三十年間的著述中輯出關於日本人的論述，彙編一冊，簡直像一本事典，讀之便大致看見了一九八〇年代以前的日本人，雖時過二十年，估計他們也變不到哪兒去。

臨行喝媽什麼酒

我沒做過學問，但認識幾個做學問的人，聽他們說，日本做學問跟中國不一樣。中國學者做起學問來氣壯如牛，命題不怕大，而日本人鑽牛角尖，工夫都下在細枝末節上。我就想，比如研究李玉和，臨行喝媽一碗酒，大概中國人注重的是這碗酒墊底的宏大含義，醉翁之意不在酒，而日本人心細如髮，像猴子拿蝨子似的（老舍的說法），追究他喝的酒是什麼酒。那麼，李玉和雄偉地、一飲而盡（現代京劇《紅燈記》劇本的用詞）的，究竟是什麼酒呢？我估計那是白酒，因為李奶奶說了，窮人喝慣了自己的酒。鳩山說「來來來，老朋友，先乾上一杯」，他的酒肯定是日本酒（清酒）。中國人喝酒習慣不混著喝，儘管李玉和有酒鬼之嫌（事出突然，李奶奶卻隨口叫鐵梅，拿酒來，可見酒是常備的），但肚子裡墊了一大碗白酒，不能再混入別的酒，所以他推開酒杯，說我不會喝酒。假設，李玉和：我不愛喝你那日本酒。鳩山：好好好，我的中國老白乾大大的有。接著就得演千杯萬盞會應酬。

再考證下去，鳩山的清酒是從大日本帝國運來的嗎？我敢說不是，而是日本人在滿洲當地釀造的。

一九三一年九一八事變後日本正式向滿洲移民，一九三六年定下國策，計畫到一九五六年移民五百萬人。主要是農民，尤其年輕人要逃離貧困的鄉下，到「大陸雄飛」，小說《紅月亮》的主人公波子和丈夫森田也就被捲進時潮。波子讀「元始，女性是太陽」，以為對於女性來說最要緊的是自由，但是在現實中認識到沒有錢就什麼都辦不到，拋棄了陸軍少尉大杉，嫁給一身馬糞味兒的森田。小樽是日清戰爭以後靠軍需景氣繁榮起來的港口城市，森田家從石川縣移居此地開大車店，幾年的工夫由一馬一車發展到三十匹馬十五輛大車。大杉失戀，無怨無悔，反而鼓動森田去滿洲打天下。他建議辦廠釀酒：日本人喜好日本酒，伏特加或紹興酒不能慰藉日本人的望鄉之思。雖不能指望在滿洲釀出勝過日本內地（當時日本不把滿洲當外國，而是當外地）的日本酒，但要是造得比較好，關東軍高興買，就會是遍佈滿洲的精銳們每晚痛飲的酒。大杉牽線搭橋，一九三四年波子跟森田來到滿目荒涼的牡丹江，興辦造酒廠。水是酒的命，牡丹江水看上去不如日本水好，但行家嘗了嘗，對這水有信心。關東軍荷槍購地，安置移民，說是買，等於強佔。用水泥牆圈起兩千坪，掘井建房，第二年從新瀉雇來技工，運來新米，冬天便釀出五百石好酒，皆大歡喜。女人是不乾淨的東西，不能進廠內，波子在入口巴望，高興得哭了。

當波子穿上黑貂皮大衣，乘坐司機開的高級車，極盡榮華時，已升任中校的大杉來復仇了。他是恩公，再加上舊情復燃，波子便主動獻身，而森田是老公，感恩之餘的滋味可就不好受：「我後悔讓你去見大杉。我知道去見，結果就會是這樣，可我同意了。儘管如此，內心深處並非沒期待你十二點之前回來就什麼事都沒有，我們的生活又開始。但是這想法太天真了。到了十二點時，我想死，因為覺得自己的人生太慘了。我的事業簡直是專屬關東軍，在關東軍的庇護下獲得成功。誰提供了這成功的原因？是大杉中校，你的第一個男人。你跟我結婚，就和大杉分了手，但他並沒有丟下對你的愛情和留戀。這用援助我這個情敵的形式表現了。本來我一開始就不該接受大杉的援助，不該來滿洲，可也想趕潮流幹一番事業。我是孬種，竟然靠自己老婆的舊情人的力量發家。」

關東軍揚言：有關東軍百萬精銳，「滿洲國」就不會完。然而，月亮紅了，不是喝酒喝紅的，那是「蘇軍的坦克燒毀著四周向這邊挺進，黑暗天空的底邊燒紅了，好像遠處的山火。當空的月亮比新月還細些，連那月亮都紅了」。森田給新酒取名千代鷹，祝日本武運長久，但關東軍不堪一擊，搶先逃走，偶像在波子心中唏哩嘩啦崩潰。財產一空，紮根牡丹江的願望徹底破滅了，留給波子的是帶著孩子們逃亡。森田終於在收容所裡找到了妻兒。到了晚上，幾個紅臉蘇聯兵挎著曼陀林似的衝鋒槍，拎著伏特加酒瓶，進來把二十來歲的姑娘一個個帶走。森田心灰意冷：「我們在滿洲過了這十一年到底算什麼呢？」波子說：「我們做的美夢都醒了，眼前的這場惡夢一定也很快就醒。」

《紅月亮》上下兩卷，末尾開列了八頁參考資料，足見其內容具有史實性。作者中西禮出生在牡丹江，一九四六年八歲，隨母親回到日本，據說女主人公原型是這位母親。中西禮說：他活下來就是為了寫這個小說，寫了這個小說，覺得自己終於算是小說家。讀過《紅月亮》，還讀了一位中國女作家的小說《偽滿洲國》，有點要比較的意思。她在後記裡講到曾多年搜集歷史資料，但書後卻一本也不予提及。

寫完了小說，她獨自到餐館叫了兩個菜和一瓶酒，那是一瓶什麼酒呢？

武士與騎士

英國人最討厭卡拉OK。

卡拉OK是日本人二十世紀最偉大的科技發明，像味之素、速食麵一樣普及世界。但英國人討厭，這是英國政府最近調查的，雖然日本人向來熱捧披頭四。

一說日本與英國，便想到他們的共同之處——左側行車。據說，心臟在胸腔的中央而稍稍偏左，用右手保護心臟是人的本能動作，所以右撇子武士把刀插在左腰間，靠左邊走路，以免擦肩而過時刀鞘相擊。習慣成法律。明治新政府富國強兵，海軍仿效英國，陸軍先是學法國，但眼見法國在普法戰爭中大敗，又改學德國。陸軍按法國式右側通行，也曾想普及到全國去，未果。原本法德也都是左側通行，一說被拿破崙糾偏。麥克阿瑟佔領日本，一度要改了日本法律，但公共汽車一律是「左道旁門」，只好作罷。上世紀五〇年以後日本規定車左、人右，迎面交通，唯沖繩直到一九七二年回歸，按美國規矩走右邊。

再說日本與英國，想的是武士與騎士。日本有武士道，英國有騎士道（chivalry）。大概騎馬有術，漸變為在婦女面前逞能，進而形成一種尤其對婦女的禮儀。男人生來野性，女人使他們的野性變成文化，彬彬有禮。三島由紀夫把《葉隱》一書捧為武士道教典，恣意曲解，對作者再三強調的「忍戀」視而不見。作者也喜歡活，為活而關注死。「隱忍之戀」是「戀的極致」，也就是暗戀，不可使對方背上戀情的包袱，永遠單相思，一說便俗，偷著樂，這才是武士道精神所在。只是從赴死的角度來領悟士道，以致日本男人在尊重婦女上至今也沒有英國的騎士風度。

三說日本與英國，想到了這兩個國家都是島國。一六〇〇年四月，一艘荷蘭船漂到九州，亞當斯是倖存者之一，他就成了第一個踏上日本國土的英國人。德川家康在大阪城接見他，聽說航海這麼遠，大為驚奇。半年後關原之戰告捷，家康設幕府執掌天下，亞當斯也留在江戶做官。東印度公司成立，亞當斯從中斡旋，日英通商，卻沒有發展起來。二百年後一艘英國船非法駛入長崎，以武力迫使長崎鎮巡供水供糧，日本這才知道英國已然是「世界工廠」，不可一世。福澤諭吉認識到「作為洋學者不懂英語怎麼也行不通」，放棄當時獨尊的蘭學，轉而苦學英語。一八六一年幕府派出有史以來第一個使節團走訪歐洲六國，他隨團當通譯，大開眼界，後來成為啟蒙思想家。同樣是島國，而且英國比日本還要小，卻稱霸世界，讓日本人一方面看到自己的落後，另一方面也鼓起信心，英國能做到的，日本也做得到。不過，雖然是島國，日本卻算不上海洋民族，因為島上的人多是從大陸渡海而來，他們棄船上岸，便急急往裡走，落地生根，難改農耕的積習。明治伊始，一八七一年日本派遣使節團考察歐美的文物制度，認為從「文明時差」來看，日本不過比英國落後四十年罷了。評論家長谷川如是閑說：「明治維新後日本人本能地選擇了英國型思想，這本來是日本人或日本文明的傳統特性使然，而日本沒落是由於明治二十年（一八八七年）以後統治階層採取了德國思想。」

一九〇〇年夏目漱石赴英留學，前後三年，趕上了日英締結同盟，對於日本舉國昂奮不以為然，說恰似窮人跟富戶攀上親，敲鑼打鼓地滿村張揚。他還說，日本的開化不是像花那樣自然地綻開，而是受外部壓力而不得不採取的一種形式，只急於吸收，無暇消化，文學、政治、商業皆然，終歸是膚淺的。他終生不喜歡英國。

日本人常說日本是單一民族，而英國是多民族國家，性格、思想、文化具有複雜性。或許倫敦霧所致，霧裡看花，英國人處事曖昧，這倒與四季分明的日本人殊途同歸。聽說英國人送禮不送肥皂之類很私人的東西，而日本人最愛送毛巾肥皂，似乎比英國人講究實用。

說魚解字

雞眼，長在人腳底的，日本通常叫魚目，這兩種叫法都非常形象，恰好反映了兩國自古以來生活的不同——日本常吃魚，中國愛吃雞，瞪給人看的眼睛各異。

日語的魚字，讀若魚菜，他們自認是吃魚的民族，並且愛張揚這習慣。倘若魚與熊掌不可得兼，日本人是要捨熊掌而取魚的，即便能兼得，恐怕也不想吃熊掌。所謂吃在廣州，雖地近大海，海鮮生猛，但是我這個生長在遠海而少魚的北方人從小聽說的，廣東更出名的佳餚是龍虎鬥、猴腦、果子狸云云，吃魚比不上島國日本。近年日本人水產消費量是世界人均的四倍，大概僅次於鯨吞。

在東京的回轉壽司屋坐定，先自己沖上一杯茶，茶杯上有的就印滿了魚字旁漢字。日本很好拿魚字旁漢字作裝飾，字帖似的，也讓人想起孔乙己寫茴香豆的茴字。我買過一種布手巾，白地藍字，全是魚字旁，當作日本土特產送給朋友，被掛到牆上，別有風情。不過，把玩茶杯，那二三十個肥肥胖胖的漢字我只認得一半，這一半裡有些也不知在中國是什麼魚，想吃的壽司轉到面前就瞎吃罷了。

日本吃魚多，據說現在還吃著二百來種，可中國不曾給他們備下那麼多的魚名，很多魚名漢字他們就自造，自給自足。例如烤鱈魚，中國改革開放後商店裡常見，開袋即食，這鱈字就是日本造。我們叫它大頭魚，大概在日本明治年間拿來了這個學名。雪就當了聲旁，讀作鱈，其實日本人造漢字的特色是只利用會意，鱈字取意於這種魚的魚汛在多雪時節。中國是漢字的本家，別人造的漢字拿了來，不顯山不露水，頂多只當作物歸原主，或許這正是日本文化的可憐之處。

鰯，也是日本造，出土的八世紀木簡上已有此字。我們叫沙丁魚，用的是外來語。它怎麼弱呢？說法不一，或曰它離水即死，或曰它被很多魚當作盤中餐，或曰它下鍋就潰不成形。古時候武士倘若被罵作鰯魚，那就是孬種的意思，是要動刀的。如今卻說它富含二十二碳六烯酸，降血脂，補大腦，身價可不弱。

鰹，魚為形旁，堅為聲旁，但作為日本漢字，這個堅是表意。日本人把鰹魚煮了，焙之曬之，就拿它當佐料。明代輸入中國，有不少叫法，如木魚、鉛錘魚、乾柴魚，足見其堅。日本古籍《古事記》裡寫作堅魚。清末詩人黃遵憲吟道：「何物堅魚字所無，侯鯖御饌各登廚，儒生習禮疑蚳醬，口到今人嗜亦殊。」黃公是廣東人，出使日本，當然見過也吃過這種魚，說「漢名不詳」。中國古時候有鰹字，乃淡水魚，與日本所指不相干，我們現在用的是人家的意思。

鮭，我小時候叫大馬哈魚，而今中國也興吃生魚片的三文魚跟它有別，三文來自英語，日本也使用。王充的《論衡》說「人食鮭肝則死」，好像那時候鮭是河豚之類。

中國多淡水魚，日本多海魚，外來的名稱跟現實相結合，對不上號也在所難免，好些中國魚名就被拿了去張冠李戴。鮪，《詩經》中常見，日本用它指金槍魚，膾炙其口。日本人口不過是世界的六十分之一，但每年世界金槍魚捕獲量的三成都被他們吃掉了。國際上強化對金槍魚捕獲量的規制，日本電視上賣傻的醜男美女便驚叫，抱怨中國人富起來，也吃金槍魚，十三億人口吃什麼就沒什麼。

戰國時代的《爾雅》解釋魚字旁（魚偏）漢字四十四個，清《康熙字典》收有六百三十三個。中日意思完全相同的魚字旁漢字不算多，有鯉、鮒、鰻、鰈、鰌、鮫、鱷、鯨等。鰌，也就是泥鰍，日語讀音即「泥之魚」。明末亡命日本的朱舜水曾指認中日為同物。日本俗信泥鰍治「陽事不起」，是東京佳餚，淺草那裡有百年老店。當然，中國的魚字旁漢字也有日本沒拿去用的，例如鱣，《詩經》裡「有鱣有鮪」，「鱣鮪發發」，是大魚，《淮南子》說它們仲春沿黃河西上，過得了龍門化為龍，這就是後來傳說的鯉魚跳龍門。故事傳到日本更誇張，每逢端午，有男孩的人家懸掛鯉幟，望子成龍。

受歐美影響，日本飲食多樣化，「口到今人嗜亦殊」。雖然動物蛋白差不多一半仍然從魚類攝取，但年輕人有不愛吃魚的傾向，一些有識之士又擔心傳統飲食文化的式微了。

誤譯的深度

日本是翻譯大國，甚而明治以來的日本文化常被譏為翻譯文化。出版社岩波書店承擔了日本近現代教養主義文化，被稱作岩波文化，其思惟方式是翻譯文化的。所謂在所難免，翻譯大國自不免是一個誤譯大國。乃至有人說，日本應該叫翻譯家的天國，誤譯怪譯謎譯臭譯缺胳膊少腿譯橫行無忌。

從事海外版權買賣半個多世紀的宮田升寫過一本書，叫《戰後翻譯風雲錄》，更有意思的是副題：譯者是神的時代。戰後之初，書荒思想荒，翻譯很是神氣過。經濟學家都留重人主導翻譯美國經濟學家高伯瑞的著作《不確定的年代》，一九七八年暢銷，不料一個叫別宮貞德的人跳將出來，指摘書中的誤譯。這別宮一發而不可止，四處挑錯，結集了八本《誤譯謎譯欠缺翻譯》。受其影響，又有個律師，不止於英美法學，還博覽阿嘉莎·克莉絲蒂之流的推理小說，把誤譯記錄在案，彙集為《推理小說的誤譯》。自從有些人橫挑鼻子豎挑眼，譯者就不大好過神仙日子了。據出版統計，翻譯書比重最大的是韓國，其次德國，而日本居第三；日本向歐美看齊，一九七一年撤銷「著作權十年保留」，從此翻譯書趨減。而譯者行情不看好，還有一原因，那就是會外語的人越來越多，以致僧多粥少。

其實，何謂誤譯是不好定義的。一九四五年美英中三國發表波茨坦公告，促令日本投降，剛當上內閣總理大臣三個月的鈴木貫太郎答記者問，說予以「默殺」，媒體譯作「ignore」（無視），進而在一億玉碎的氣氛下再譯為「reject」（拒絕）。日本駐蘇聯大使館慌忙致電外務省，指出翻譯有重大出入，但為時已晚，十來天後美國在廣島投下原子彈。法官誤判，醫生誤診，記者誤報，都會是事件，但對於誤譯，人們不大放在心上。

太宰治的小說《斜陽》有這樣的描寫，直譯：「過了兩個來小時，舅父領來了村醫。村醫好像已一大把年紀，而且套了質地上好的禮褲，穿著白布襪。」因為病人是敗落的貴婦，所以老派的村醫出診便這麼一本正經地裝束。大大有名的日本文學研究家唐納德·金逡譯為英文，抹掉了「質地上好的褲子」和「白布襪」，意譯為「有點老派的舊式和服」，抽象之至。可原文接著又來了一句：「快晌午，下村的大夫又來了，這趟沒套禮褲，但白布襪還穿著。」這下子「白布襪」怎麼也甩不掉了，唐納德乾脆改譯為「白手套」，大約相當於我們把「絝」譯作「黃馬褂」，或許英美人理解無礙了，可日本哪裡去了呢？相比之下，譯者少多嘴的直譯更好些，讀者不十分明白，倒可能引起對另一種文化的好奇，起碼不會誤以為日本文化跟歐美是一回事。「白布襪」這個具體形象在小說中是一個日本文化的符號，放棄了也就放棄了翻譯的嚴肅與艱辛，拈輕取巧，充當異文化之間的渡橋是失職的。

口譯也好，筆譯也好，最終具有決定性意義的是母語能力。即便是作家，寫得一手好文章，涉筆翻譯也可能帶上鐐銬跳舞，弄出怪裡怪氣的文字。表面上溜光水滑，扒開來烏七八糟，徒有其表的翻譯就像是不老實的美女。但醜婦再貞淑，人們也不愛要。翻譯批評的任務之一是打破定勢，推翻偶像，那就更招人嫌。挑剔譯文的「硬傷」，大概相當於校對的「校對錯」，而翻譯批評更有意義的是超越老師給學生批改作業的層次，進而「校是非」，往深裡探究我們理解外語的偏頗所在，以及中國人思惟的特點。這算是誤譯的深度罷。《推理小說的誤譯》便指出，日本人普遍缺少幽默感是理解英國人幽默的障礙，致使譯者幾乎都譯不好含有幽默或諷刺的表現。時過二十餘年，這本書再版，莫非「只緣妖霧又重來」。

上帝不許人類說一種語言，所以，英語通行世界是違反上帝意志的狂妄。日本歷屆總理之中英語說得最好的公認是中曾根康弘和宮澤喜一，然而，因英語鬧出問題的也正是這二位，看來人類想聯手建成通天塔還真不容易。

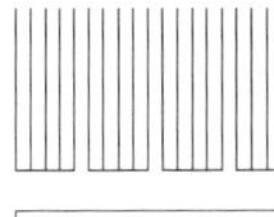

廣 告 回 信
臺灣北區郵政管理局登記證
北 台 字 第 2970 號
免 貼 郵 票

106-70

台北市大安區和平東路二段339號4樓

博雅書屋有限公司

姓名：

縣市

鄉鎮市區

路街

段

巷

弄

號

樓

□□□

□新讀者

□老讀者

「博雅書屋」讀者回函卡

感謝您購買博雅書屋的書籍，為了提供您更好的服務，請您費心填寫以下資料，即可成為貴賓讀者，享有書訊服務與優惠禮遇。

◆購買書名：______________________________

姓名：　　　　　　　　□男 □女　　　　生日：　年　月　日

E-Mail：

學歷：□國中（含以下）□高中．職 □大學．大專 □研究所以上

職業：□學生 □生產．製造 □金融．商業 □傳播．廣告
□軍人．公務 □教育．文化 □旅遊．運輸 □醫藥．保健
□仲介．服務 □自由．家管 □其他

電話：____________（手機）____________ 傳真 ____________

◆您如何購得本書：□網路書店 □郵購 □書店　　縣（市）　　書店
□業務員推銷 □其他

◆您從何處知道本書：□書店 □網路及電子報 □五南書訊 □廣告DM
□媒體新聞介紹 □親友介紹 □業務員推銷 □其他

◆您通常以何種方式購書（可複選）：
□逛書店 □郵購 □信用卡傳真 □網路 □其他

您對本書的評價（請填代號 1.非常滿意 2.滿意 3.尚可 4.待改進）：
□定價 □內容 □版面編排 □印刷 □整體評價

您的閱讀習慣：□百科 □圖鑑 □文學 □藝術 □歷史 □傳記
□地理、地圖 □建築 □戲劇舞蹈 □民俗采風
□社會科學 □自然科學 □宗教哲學 □休閒旅遊
□生活品味 □其他

請推薦親友，共同加入我們的讀書計畫：

姓名__________ 地址____________________

姓名__________ 地址____________________

您對本書或本公司的建議：____________________

劃撥帳號 01068953　　戶名：五南圖書出版股份有限公司
電話：（02）2705-5066　　傳真：（02）2709-4875
網址：http://www.wunan.com.tw/　　讀者服務信箱：wunan@wunan.com.tw

北野武拔刀

北野武主演的《座頭市》是武打片，雖然也並不現實，但一招一式，以快取勝，不至於像我們的大片打得天花亂墜。原作是小說家子母澤寬一九四八年寫的隨筆，才五、六千字，寫道：「天保年間有一個叫座頭市的盲目的拔刀名手」，「手持藏刀杖的拔刀的達人，手法特厲害的按摩師」，不過如此。男優勝新太郎拿來拍電影，從一九六二到八九年共拍了二十六部。這位座頭市是浪人，東遊西走，除暴安良，看點尤在於拔刀神速，嘁哧咔嚓就撂倒一片。勝新太郎和座頭市都出了名，而北野武飾演的座頭市滿頭金髮，最後驀地睜亮三角眼，全場大跳日式踢踏舞，雖然像是對勝新太郎追求惟妙惟肖的破壞，卻也把自己的故事搞得很胡鬧，可惜了演對手戲的淺野忠信的冷面。

日本武術裡真有拔刀術。

「拔刀術」，大名叫「居合道」，但譯成中文，只好以拔刀術名之，因為照搬「居合」二字，不像柔道、空手道可以望文生義，未免莫名其妙。「居」是坐的意思，拔刀術的特色是坐著拔刀。這種刀法是要比敵人更快地拔出刀砍殺，而且要練得隨時隨地都保持警惕，先發制人。動作基本是這樣：跪坐，面對看不見的敵人，拔刀而起，劈砍，做揮掉血跡狀，收刀入鞘。劍道當然也拔刀，但不以倉促臨敵為著眼點，刀拔得悠然才顯得沉著，勝券在握似的。日本人喜歡把事物弄得有禪味，拔刀術的禪味說法是「刀在鞘中見勝負」。

十五世紀中葉至十六世紀中葉這一百年是日本的戰國時代，群雄割據，武林高手輩出。其中有一個叫林崎甚助重信的，身世不詳，傳說他做了一個夢，夢裡被傳授拔刀絕技，醒後就成了拔刀術鼻祖。門徒甚多，紛立流派。一八七六年明治政府發佈廢刀令，武士腰間失去大小兩把刀，武術式微。大正及昭和初年，由於中山博道等人的努力，拔刀術略為振興。日本戰敗，美國佔領軍嚴禁武術，不許民間藏刀劍，拔刀術瀕於滅絕。一九五二年美國主導的對日媾和條約生效，百禁頓開，武士道復活，成立全日本居合道聯盟。「居合術」改稱「居合道」，加一個道字，強調文化性，修鍊禮儀，陶冶性情。當初是表演，後來發展為競技。技藝等級為初段到十段，稱號有三種：煉士、教士、范士。現在招徒最多的是夢想神傳派。雖歸為體育運動，但劍道、弓道也好，「居合道」也好，彬彬有禮的背後是殺敵之心。那揮掉血跡的動作，猶如收束雨傘後揮掉雨滴，更多了一份安然自信。

江戶時代二百餘年天下太平，拔刀術也曾被走江湖的當作了聚眾的招徠，摞起兩三個木箱似的東西，站在上面拔一米多長的大刀，賣還魂丹、牙粉什麼的。那年月日本人身材矮小，拔長刀尤為不易。遙想秦王當年，遭荊軻行刺，一時慌了手腳，竟拔不出劍來，旁觀的臣子們驚呼「把劍推到身後」，才總算拔出劍，砍倒了荊軻。劍為何拔不出來呢？想來是秦王倉惶，劍別到了身前。拔劍的動作一般很自然是左手握鞘往屁股後面靠，舒展右臂拔出劍。這個歷史故事倒像為拔刀術提供了實戰依據。上中學時讀古文，把「流血五步、天下縞素、今日是也、挺劍而起」連成一氣讀，很覺得有一種話音未落劍出鞘的的氣勢。

影視把高手拔刀演得超乎現實，看得有趣，吟詩一首：電光閃處裂長空，霹靂千鈞刃見紅，此劍何曾出木鞘，但聞鞘裡一聲風。而加藤周一是評論家，說出話來就別有意義，他說：「座頭市是幕末盲人，是拔刀快的名人。他看不見遠處敵人的動向，不能預知下一步形勢的變化，所以也不能訂出安全保障計畫。但敵人一旦近身，電光石火般從手杖裡拔出刀，忽地砍倒敵人。尼克森、基辛格的美中接近後，田中角榮反應非常快。他承認中國就像是座頭市的手杖。戰後日本外交是座頭市型。」

織田信長大屠殺

歷史小說家藤澤周平討厭織田信長，理由是這樣的，他寫道：

「在這裡說的殺戮，當然不是正規軍團之間的戰鬥。指的是殺掉僧俗三、四千人的火燒比睿山，把投降的一向教起義男女二萬人押進城中用柵欄圍起來，無法外逃，統統燒死的長島屠殺，處置有岡城的人質荒木一族，尤其把侍從、婢女等五百餘人關進四棟房屋中燒死的屠殺等。」

藤澤說這話的時候，正當津本陽的小說《人生如夢》暢銷，掀起織田熱。或許是出身於地方的本色，他討厭流行，但對此唱反調，卻像是打心眼兒裡憎惡織田這個嗜殺的大魔頭。

織田信長擁立足利義昭為室町幕府第十五代將軍，拿他當傀儡，以致反目。足利下令討伐，各地諸侯起兵，信長一度陷入包圍圈。四千比睿山僧兵也抗拒信長。這些僧兵很不是東西，吃肉玩女人，撥弄世事，所以白河法皇覺得天下有三不如意：雙六的骰子鴨川水（氾濫成災），比睿山僧兵惡如鬼。信長大軍攻上比睿山，把大大小小的廟宇付之一炬，屠刀連婦女孩子也不放過。到底殺了多少人，史料記載不一，也有說千餘人的。

有人曾假設，織田信長若不死，打到北京沒問題，中國就不會有清，而是有一個統治亞洲的大和朝。幸而像司馬遼太郎在小說《竊國物語》中描寫的，明智光秀怨恨主子把家臣用完了就丟，率軍造反，信長被困本能寺（據最新挖掘考證，本能寺本非寺，是一座小住宅），只好自我了斷，我們中國人才免去一劫。日本文明的黃粱一夢，倘若按中國歷史的遊戲規則，恐怕版圖上就會有一個扶桑省，而今電視上戲說我大和。人生五十年，織田信長卒於一五八二年，時當明萬曆十年。

他妄自尊大，不聽人言，不信神佛怪力，甚至用石佛砌牆築城。鎮壓宗教的行為，自江戶時代以來被認為是建構新時代不得已而為之。織田信長的大刀及洋槍結束了宗教橫行的中世，所以德富蘇峰寫《近世日本國民史》就是從他起筆。某書評家說：對信長的看法，司馬遼太郎與藤澤周平不同，前者以宏大的視野縱觀歷史，可以容忍信長的「異常」，而後者站在常識的立場上難以接受這種「異常」。我卻想，恐怕司馬的容忍正是藤澤所不屑的，他說：

「納粹德國對猶太人的大屠殺，柬埔寨對本國人的大屠殺，殺戮者不問時代總是在殺戮。而且，信長也罷，希特勒或者波爾波特政府也罷，最可惡的是被認為有支持殺害弱者的行為的思想或者使命感。」

關於對談

對話與對談，從詞典的解釋看不出多大區別，但就我的感覺，日本人使用這兩個詞還是有所不同的。柏拉圖的著作叫對話，不叫對談。對談是真談，對話則較為抽象，可能是虛擬，紙上談兵，似乎比對談高一個檔次。大人物和小人物交談，看似平等，但名之為對話，就不同尋常，帶有了俯就與仰望。

歷史小說家司馬遼太郎說：和西方或印度不同，人與人相見，就一定的主題交談——當然並不是蘇格拉底那樣的，無非有點抽象性的雜談，這種習慣在日本直到明治年間幾乎是沒有的。江戶時代末葉，志士從各地彙聚京都，卻沒有共通的口語，雖近在咫尺，要緊話也得用書面語言寫下來，由人來回傳遞才得以溝通。

江戶時代最高的教養是純粹漢文，文化人可以藉助於筆談和朱舜水、黃遵憲們交流，受教獲益。古漢文言簡意賅，筆談起來不會像現今這麼囉唆，寫一大堆也不得要領。

極端地說——這也是司馬說的，能進行對話的日語在二戰失敗後的社會才終於成熟了。不過，日本對話並不像西方那樣立論反論，而是尋求跟對方相似相近的部分，使彼此的這部分重合，皆大歡喜，其根源在於稻作社會所造成的性格。

二人相對而談，三人鼎談，人再多就座談，是日本很常用的活字表現形式。一旦出了名，就會在雜誌上對談，談來談去便結集出書。作家當中有不少對談的高手，例如評論家、小說家丸谷才一常領銜對談，集在他名下出版。對談的內容及風格因雜誌而異，丸谷曾列舉各類雜誌的對談高手，文藝雜誌是小說家武田泰淳，綜合雜誌是劇作家山崎正和，週刊雜誌是小說家吉行淳之介。小說、戲劇靠會話（主要是對話）成立，小說家、劇作家善於對談也像是理所當然。二人面對面，但心存讀者，是在為讀者而談。對談不是問答，不是訪談，有主次之分，卻不能聽一人侃大山。逢場則滔滔不絕，這種人最自我中心，目中無人，缺少每事問的謙遜。對談是交流、交鋒，雙方都得到啟發、刺激、誘導。欠缺邏輯性，用語不明確，丸谷才一絕不跟他談。小說家遠藤周作在世時也很會對談，他給兒子講過竅門，那就是充分調查對手，倘若是建築家，就要去參觀他的建築，通過各種管道瞭解他最近的興趣嗜好。主談要能使什麼話題都津津生趣，訥於言的人也能跟著談起來，還要會聽對方的話，耐心聽。

對談有如北京人踢毽子，各逞其能，卻不讓毽子落地，而不是打乒乓球，一心要把球扣死在對手的台前。從技巧來說，有贊同，有反論，也要有讓步。專攻歷史社會學的小熊英二當過編輯，根據他的經驗，對談這件事說容易那是再容易不過了，但認真做好也非常費工夫。不即不離，泛泛而談，很容易，而彼此能動中肯綮地交流，內容充實，就有了難度。作家村上龍高度評價小熊英二的著作，出版社請他們二位對談，小熊要求給他一周時間，先閱讀村上的作品，若深感興趣，有話要說，那才能應允。一場好對談，事前準備為三分之一，實際對談的好壞為三分之一，為發表而整理也要占三分之一。

池田大作可能是日本對談第一人，已經和國家首腦、有識之士七千人進行過對談，出版對談集五十餘種。就中國人來說，他曾和常書鴻、金庸、季羨林對談；最近又和饒宗頤對談，在《香港文學》雜誌上連載，這大概是他首次在日本內外同步把對談發表。池田很愛用「戰鬥」的說法，他說：「所謂戰鬥，就是觸發，就是喚醒人性的對話，我要把畢生用在這上面。」一九七二、七三兩年，他和英國歷史學家湯恩比在倫敦對談四十個小時，結集出版，已譯成二十七種語言。年長四十歲的湯恩比鼓勵池田：「我強烈希望你在世界上捲起對話的旋風。」新儒家代表人物杜維明稱讚池田「和湯恩比博士對談以來，推進真正的文明之間的對話」。池田大作可以跟任何人對話，基礎即在於「同樣是人」。身為宗教領袖，他主張人不是為宗教，而宗教必須為人。池田大作還是攝影家，把自己在世界各地舉辦的攝影展題為「和自然的對話」。

大江醉酒

大江健三郎和石原慎太郎不是一條道上跑的車，這好像連我們中國人也知之頗詳。有一次，他倆偶然在德國碰到了，當然不要談當時正高漲的反核運動，雖然他們都為此而來，但這種話只有對自己的粉絲們宣說為快，不然，各執己見，相遇不歡。於是就扯淡，石原講他過去潛水的故事，大江覺得有趣，勸他找時間寫出來。後來石原真就寫了些短篇，有點像小品，又像是回憶錄片段，結集為《我人生某時》。本來寫得很有趣，說它屬於世界文學的水準也無妨，因為這水準似有還無，誰也拿不準，但是有一個叫福田和也的文藝評論家咋咋呼呼評點日本的現役作家，居然給打了最高分，就讓人讀得不自在了。此人還說過，石原短篇集當中以《遭難者》為最高傑作，那就也高過《我人生某時》，可是，它們都早已從書店裡消失，看來文學的遊戲規則畢竟是嚴峻的，走俏的評論家放屁也是屁，讀者敢說NO，才不為他的屁話買單呢。

其實，石原和大江先後出道，一同當「第三新人」之後的文學旗手，早年關係很不錯，經常在一起喝酒。一九六六年新潮社出版六卷本《大江健三郎全作品》，石原寫了一篇隨筆《從時代向超時代》，寫的是酒醉大江：

某晚，大江健三郎跟江藤淳和我三個人吃飯、喝酒。三人好久沒聚了，那之前大江發生過什麼不愉快的事，所以他顯得最快樂。看他那樣子，江藤和我放下心來，也都很高興。

狹小的鋪席頭上立著一個藝妓，唱人生劇場，我有點煩，自稱北里先生的江藤帶著寬容的微笑觀看，大江則一如既往地規矩，出於客人的責任感，激動鼓掌，用發音恐怕是日本式的法語送上讚詞。此後，不知憑什麼信仰，三人拜了拜淺草的觀音菩薩，又去六本木的一個俱樂部繼續喝。

在那裡，俗不可耐的俱樂部老闆偶然相鄰，不知什麼原委偏偏沖大江讚美天皇制，說天皇是日本的風土云云。

好像醉得很陶然的大江剎那間把眼睛瞪大發直，嚴肅起來，對著那個人坐正。開始的是戰鬥。

「算啦，喂，別在這種地方說那種話！」旁邊的江藤拽他袖子，但他固執地不聽。為了駁倒降伏對方，大江丟開我們，最後連那個人的兒子也捲進來，在深夜的俱樂部滔滔展開了批判天皇制的長篇大論。

對於他來說，哪怕是玩笑，說天皇是日本的風土之類，那就像路上被磕碰，只回頭狠狠瞪一眼不算完，非真刀真槍地拼殺不可。

本・文具
卯月
古美術 茶道具 買入処
鎌倉古代美術店
小宮
東洋食肉店

結果，對方被他的能量壓垮，支吾了幾句「反正不久你也上了年紀就明白了」，逃之夭夭。這時我和江藤都等得不耐煩了。

「這傢伙實在就這樣！」江藤說。那實在是大江健三郎的使命感。對那種對手也翻臉絕不是嘩眾取寵，所以觀望的我們也不能開玩笑。

可是我時常想，對使命那麼過於有自覺，不過於死板嗎？江藤說我也是無意識過剩，而大江有使命感過剩、誠實過剩之處。

他完成了批判天皇制的使命，酒也完全醒了，走出門口，我與他並肩，驀地感到一種充滿敬意的擔心。

以前，我們倆曾喝過量，翌日下午很晚了，他打來電話說家裡沒人，不知怎麼倒在廚房裡睡到現在，昨晚沒失禮嗎。聽著他含羞的聲音，我不知為什麼，強烈感受到他的形象。

那是擁有利刃一般的感受力、嚴於律己、不屈不撓、孤獨之極的男人的肖像，還有他背負的只有他能看見的世界的光輝和巨大。

現在的大江，比起那時的形象來，因使命感而有點發胖，顯得不自由。我這麼說，他大概要不滿罷。

然而，我覺得我明白他經過現今，不是返回，而是更踏入的世界是什麼。

這種說法也許很膚淺，但他不會成為沙特。那是因為他作為作家，比沙特、比其他什麼樣的現代作家更具有豐富的感受力，也就是他比誰都更是小說家。

開始寫小說後，有別於天性，他勤勉地用自己的手培養大東西，那是把剪刀——作家為表明立場（engagement）的邏輯。

如今他非常誠實地用著這把剪刀。鋒利的剪刀和感受力的利刃，作家果真能均等地使用這兩者嗎？或者，應該以怎樣的分配來使用呢？他作為作家現今從事著迄今誰也做不到的、無上幸福的實驗。

而且，我想，在這一實驗的將來的過程中，他必然得到的，一定是向比現今更巨大的、超越時代與狀況的、人與藝術的使命的歸結。

大江健三郎是優秀的時代人，同時是更為優秀的作家，大概在他進展的內面，我們最先看見藝術與人的真正的關係。

算算友誼帳

中國與日本於一九七二年復交，郭沫若填詞一首，有云：「赤縣扶桑，一衣帶水，一葦可航。昔鑒真盲目，浮桴東海；晁衡負笈，埋骨盛唐。情比肺肝，形同唇齒，文化交流有耿光。堪回想，兩千年友誼，不等尋常」。所謂「一衣帶水」，作詩無妨，若拿到實際中，恰恰用不到中日兩國之間，不過是套近乎罷了。正因為有大海阻隔，唐玄宗「矜爾畏途遙」，才特許日本二十年一來朝。日本中斷遣唐，蒙古鐵蹄遭滅頂之災，不都因風波險惡，何曾是「一葦可航」呢？說友誼長達兩千年，真不知這筆帳是怎麼算的，交流未必就留下一部友誼史。其實，這兩千年歷史，除了有幾個和尚是不辭風險來傳教之外，對於日本來說是一部留學史，對於中國來說幾乎是亡命史。

要說兩千年的開篇，據《日本書紀》記載，是神功皇后揮兵越海，入侵朝鮮半島上的新羅、百濟、高句麗。當時她有孕在身，把一塊石頭纏在腰間，用冷卻法延緩生產。如願，得勝班師，應神天皇在九州呱呱墜地；天皇家萬世一系，據說應神才第一個具有實存性。幾處神社祭祀月延石或鎮懷石，那就是神功皇后用過的，塊頭兒不小，若無神力，搬也搬不動。直到被美軍佔領之前，日本人相信這皇后實有其人，但我們的黃遵憲在明治時代就一笑置之，有詩為證：狐篝牛柩善愚民，百濟新羅悉王臣。腰石手弓親入陣，浪傳女國出神人。

不論神功皇后的三韓征伐是不是史實，日本人身上卻自古揳入了霸佔朝鮮半島這根筋。豐臣秀吉尚未徹底統一全國，就開始盤算出兵朝鮮，佔領中國，這也是他的前輩織田信長的夢想。西元一五九一年九月，秀吉寫信給菲律賓的西班牙總督，說日本百餘年來戰爭不斷，他誕生時出現治天下的奇瑞，及長，果然十年便統一全國，朝鮮、琉球等遠邦異域也順從。現在要問鼎大明國，此乃天授。菲律賓尚未進貢，來春必須遣使到肥前名護屋，晚了就興兵征討。所言奇瑞，是老娘懷他時夢見日輪入懷，看來那時候並不把太陽只奉為天皇家祖神，烏皇帝人人做得。肥前名護屋在今佐賀縣，與朝鮮半島隔海相望，翌月在此築名護屋城，集結大軍。秀吉視朝鮮為日本屬國，指令朝鮮為「征明嚮導」，但使節明白朝鮮不可能從命，便擅自改稱「假途入明」。豐臣秀吉甚至把關白的職位讓給了外甥，自己退為太閤，專念於侵攻大陸。在他眼裡，大明不過像處女，憑日本弓箭征服簡直是大山壓雞蛋。九路兵馬渡海而來，直搗漢城。秀吉坐鎮名護城，得意忘形，指示日廷準備天皇入主北京，他本人是打算定居日明貿易港寧波。日軍殘暴至極，擄掠朝鮮人當土產贈送親友。朱子學家薑沆也在俘虜之列，藤原惺窩受其影響，得以成近世儒學鼻祖。說到陶器，足以驕人，其實，萩燒、有田燒、薩摩燒等無不出自朝鮮俘虜之手，而朝鮮白瓷卻由於工匠流失而式微，真可謂「文化交流有血光」。

雖說明神宗治下中國開始走下坡路，但總算打敗日軍，解救了朝鮮，於是，奉天承運皇帝制曰：爾豐臣秀吉，崛起海邦，知尊中國。西馳一介之使，欣慕來同；北叩萬里之關，懇求內附。情既堅於恭順，恩可靳於柔懷。茲特封爾為日本國王，賜之誥命。就這一段史實，黃遵憲寫道：「豐臣秀吉攻朝鮮，八道瓦解，明誤聽奸民沈惟敬言議和。授封使者齎詔至，秀吉初甚喜，戴冕披緋衣以待。及宣詔至，『封爾為日本王』，秀吉遽起，脫冕拋之地，且裂書，怒罵曰：我欲王則王，何受髯虜之封。且吾而為王，若王室何？復議再征高麗。」一五九七年一月再次出兵，翌年秋，這個「黑面小猴」（黃遵憲語）病故，匆匆撤兵，結束了長達七年的侵略戰爭。此後德川幕府統治日本二百餘年，閉關鎖國，與中國相安無事，統統算進友誼帳。

江戶時代有儒者叫小野招月，寫詩斥責豐臣秀吉入侵朝鮮：忽向雞林放虎狼，丁男屠盡及孩嬰。東海舊稱君子國，不知此役命何名。

千石的念法

學外語聽說過這樣的說法：英語是哭著進去，笑著出來；日語是笑著進去，哭著出來。一看見漢字，幾乎都認得，先就笑了，未必是好事。常言道誰笑到最後誰笑得最好，外語世界也概莫能外。不過，日本使用漢字，對於中國人來說畢竟有方便之處，比如看見站牌是「千石」二字，趕緊下車，順著指示走，就找到「三百人劇場」，那裡常舉辦中國電影週。

這個「千石」，旅居日本的中國人會話，就叫作 qianshi。某日，一深諳日文日事的老先生指出：你們都叫錯了，應該念 qiandan，是千石糧食的石，不是一千塊石頭的石。他當然是對的，但作為地名，照搬字面，用中國音來讀，似不必深究其意，他的學問反而被當作笑談。試試真的說 qiandan，聽者就成了丈二和尚摸不著頭腦——我一直不明白：矮和尚頭腦就摸得麼，像阿Q摸小尼姑那樣？橫濱，日本是寫作「橫浜」，沒人把「浜」念成沙家浜的浜。與我國青島市同一緯度的金澤在日本海邊上，第二次世界大戰期間未蒙受戰火，還保留著明治時代以前的風貌，城裡兼六園是日本三大名園之一。十六世紀末前田利家入主金澤城，統領加賀、越中、能登三國，食祿百萬石，歷經幾代藩主，構建了獨具特色的「百萬石文化」，如今旅

遊也以此為招徠。我們取其意，自然而然地說成百萬 dan 之旅，沒人當它是石頭。

在「居酒屋」（酒館）喝酒，清酒論「合」。合，本來是中國詞，讀若 ge（上聲），十合為一升。我們只當作日本話，就叫它 he。初來日本時，被「一升瓶」的大瓶子清酒鎮住，喝到嘴裡卻沒勁兒，淡如君子之交，也就放開了酒膽。因為沒勁兒，才需要用大瓶裝，往桌上一立，能顯出一點何妨醉後死便埋的氣勢。但酒館通常只是用酒壺，滿滿篩一壺酒來，「一合」也罷，「二合」也罷，實際不過是一個虛數，店家說了算。

用中國的讀音說日本話，有時也難聽，倘有一女孩兒沖你說「dabian」，一遍又一遍，豈不有失可愛。原來她說的是日語「大變」，字典上解釋有不得了之意。漢字的形和音都招人聯想，某位寫散文有大名的人就不願用「便」字，因為他總是要聯想大小便。中國人感性豐富，比如東北二人轉，在炕頭上貓冬聽人唱，盎然趣味就全在聯想，什麼「小夥子硬啊，硬啊，硬不講理；大姑娘緊啊，緊啊，緊繡花紅；老太太松啊，松啊，松柏常青……」當年知識青年到農村去，風華正茂，這樣接受了貧下中農的性教育，也很有必要。趙本山小品走俏多年，笑點不正是打這類聯想的擦邊球嗎？

同樣用漢字，有時也添亂。例如，日本把中國的崛起譯作「抬頭」，有的人竟然不把人家的日文當日文，望文生義，說是增添了中國威脅論的強烈印象。

從清水寺舞臺跳下去

上海書店出版社刊行我的小書《浮世物語》，梨棗遭殃，但封面很好看，那是一幅江戶時代的浮世繪，編輯給選的：身穿和服的女子雙手握住一把張開的傘，花容凝神以俯視，廣袖兜風而上揚，好似從天而降。不錯，她正在飄然墜落。此畫是鈴木春信的作品，所畫的內容是一句諺語：從清水寺舞臺跳下去。

清水寺始建於一千二百多年前，傳聞比京都更古老，現為國寶，亦列為世界遺產，是旅遊不可錯過的古剎。春櫻秋楓，四季怡人，在《源氏物語》、《枕草子》等典籍中也時有出現。幾度焚毀，本堂重建於一六三三年，倚山而起，前部分伸出崖外，由百餘根立柱支撐，離地十三米多，被稱作舞臺，可以憑欄眺望京都。明治初年為大樹特樹天皇的絕對權威，排佛毀寺，歷來受朝廷厚待的清水寺也在劫難逃，境地縮小為十分之一。本尊是十一面觀音像，平安時代不分貴賤都信其靈驗，香火旺盛。向觀音許願，結願之日從舞臺上跳下去，遂願就不會受傷，摔死了成佛。由此產生了這個諺語，意思是做事豁出去。據清水寺幾代寺務長筆記的《成就院日記》，一百四十八年裡有二百三十五人跳將下去，按性別統計，男一百六十二人，女六十三人。浮世繪所畫卻多是女子，也有畫男人的，但不知何故，男子漢做這種壯舉就顯得可笑。有意思的是大都打著傘，莫非能起到降落傘的作用？或許用傘表示我佛慈悲的加護。據說一六九六年至一七〇二年六年間跳下去二十三人，活下來十人，其中有四人如願以償。明治政府下令禁止，舞臺設柵欄，寺僧終日警戒，這才止住了陋習。

浮世繪是風俗畫，畫諺語也正是相當。一八〇八年鍬形蕙齋印行《諺畫苑》，淡彩寫意，畫了一百五十句諺語，有漫畫之趣。好些浮世繪師都畫過清水寺諺語，有名的如奧村政信、歌川豐國，但唯有鈴木春信畫得美。他還畫過《繪本俚諺草》（一七六七年）。鈴木屬於大師級，一七六五年和雕刻、印刷的工匠們協力，開發出多色的套印木版畫，華麗如錦，便稱作錦繪。現在人們說浮世繪，一般都是指這種錦繪。不僅勝過單色的墨刷，也勝過二、三色的紅刷，鈴木的美女風俗圖因而風靡一世。他不單畫妓女，也畫市井美女，從清水寺舞臺往下跳的女子應該是其一，看得久了彷彿有「東洋人的悲哀」（周作人語）。

這樣一本小書也敢於付梓，我可真是抱定了從清水寺舞臺跳下去的心思吔。

櫻花過後

日本什麼時候都不妨說櫻花，開時值得說，謝了更可說，有事沒事都扯到它。對於櫻花，我沒有什麼特別的感覺，倒是因日本人叫得太歡，起了點反感。日本把托兒叫作櫻花，好像櫻花正是日本文化的托兒。但想到文化上的事，說來說去會溯源到中國，也不好輕易說壞話。

好似爆玉米花，一樹櫻花砰的一聲綻開，又一哄而散，那種短暫便讓人特別留意它，如同超市裡限時減價。一位朋友說，櫻花要開了，忙過這兩天在花下喝一杯，可他忙完了，花們已零落成泥，他恨恨地嘀咕了一聲：早謝。或許就感到了事成之後的空虛與倦怠，四顧心茫然。

樹木真叫人羨慕，老枝老幹的，年年照樣開出鮮花來。我愛看落櫻，這與人生態度無關。盛開的櫻花是靜的，而飄落就動了起來。落在地上，落在身上，偶爾也落在杯中，它用飄落來宣示自己的存在，雖不免如弱者的自殺。

每當說到櫻花，就油然想起魯迅的話：「東京也無非是這樣。上野的櫻花爛熳的時節，望去確也像緋紅的輕雲，但花下也缺不了成群結隊的『清國留學生』的速成班，頭頂上盤著大辮子，頂得學生制帽的頂上高高聳起，形成一座富士山。也有解散辮子，盤得平的，除下帽來，油光可鑒，宛如小姑娘的髮髻一般，還要將脖子扭幾扭。實在標緻極了。」(《藤野先生》)如今的中國留學生，聚在花下，走在路上，只要不大呼小叫，即便將脖子扭幾扭，也不易辨出他是從大海彼岸來。尤其是女孩，見樣學樣，比日本人還日本人，聽說還有人裝作「大和撫子」，蒙那些來日本復仇的中國嫖客。

東京的櫻花大都是染井吉野櫻，花苞是粉紅的，綻開泛白的花瓣，倘若天空湛藍，不那麼耀眼，遠遠望過去，確也如天際的一抹朝霞或夕暉，多了就真有雲蒸霞蔚的壯觀。

與淡妝的染井吉野櫻相比，我更愛看濃抹的八重櫻。它不搶著開，重重疊疊的花瓣倒像在烘托小葉的新綠。八重櫻又叫牡丹櫻，看來我到底是來自牡丹之國。

王國維說的，「若問蓬萊好風景，為言楓葉勝櫻花」，我也有同感。楓葉絢爛，卻並不喧鬧，是美人的回眸一瞥。不過，櫻花過後是春，所謂得風氣之先，歡欣鼓舞，而楓葉讓人想到冬，宛轉娥眉，終究是一曲動聽的輓歌。

枕日讀

誰給日本起的名

釣魚台是中國的固有領土，卻常見報紙這樣寫：尖閣群島（即我釣魚台及其附屬島嶼）。尖閣群島是日本的叫法，但也不全是，因為日本把群島叫諸島。自稱釣魚台之主，為什麼用人家的稱呼呢？名從主人，例如漢城，我們跟著改口叫首爾，雖然有點砍你頭的意思。又如日本的新潟，嫌瀉肚的瀉不好聽，讓我們寫潟，我們便照寫不誤，其實，當初把潟略為瀉的是他們自己，跟中國繁簡字無關。既然以我們為主，即便是迻譯，也理應譯作釣魚台及其附屬島嶼（日本稱尖閣諸島）。

名從主人，我們口口聲聲把敝國叫中國，而日本也用著中國發明的漢字，就該照用這中國二字。可是，偏有那麼幾個人，如作家兼知事的石原慎太郎、教授兼論客的渡部升一，言中國必稱支那。或許早先用支那一語是事出有因，但現今其用心無非教中國人聽來不舒服罷了，就只能情不可原。倘若我們把日本叫倭，大概也不懷好意，不過，這個國號雖然是中國給起的，可他們祖上畢竟使用過。

依照史學家網野善彥的見解，「日本國成立、出現以前，日本、日本人都不存在，這一國制之外的人們不是日本人」。中國史書《三國志》記載，日本、日本人之前是倭地、倭人。曾有百餘國，西元五七年倭奴國遣使，後漢光武帝頒發了一枚金印。倭早就出現在中國古地理書《山海經》之中，屬於燕。後漢思想家王充說，周成王年間，倭貢獻過鬯草。倭人把自己叫YAMATO（本義是山門、山外），但沒有文字，便冒認了這個國名。對外按漢字發音，對內用固有叫法，具有二重性。

《舊唐書》說「倭國自惡其名不雅，改為日本」，這倒也未必。《古事記》和《日本書紀》是日本現存最古老的兩部史書，前者撰述或用漢字的音，或用漢字的義，而後者純粹用漢文寫就。有一個傳說的英雄，《日本書紀》寫作日本武尊，《古事記》寫作倭建命，可見他們並不嫌倭這個字眼兒不好聽，而是大唐以己度人。日本二字，《日本書紀》中註明，讀作耶麻騰（YAMATO），跟倭是一樣念法。日本人認為語言有靈，而文字終究是舶來品，就少了些心理因素和感情色彩。

日本這個國號不是中國給起的。《舊唐書》說得很明白：「日本國者，倭國之別種也，以其國在日邊，故以日本為名。」《新唐書》也說：日本使者自己說，國近日出之處，以此為名。而且，中國慣用詞語有日下、日邊，好像從不說日本。更早的《唐曆》（唐朝史官柳芳撰）也明明寫著「日本是倭國的別名」，但平安時代（八—十二世紀）朝廷上講讀《日本書紀》，常有人質疑：這國名是咱日本自己起的，還是唐朝給起的？博士則斷然解惑：因為在日出之方，所以唐朝給起名叫日本。江戶時代（十七—十九世紀中葉）有一個神道家大為不滿，說日本的國號是唐人給起

的，表示從屬於唐。為什麼叫日本？著有《古事記傳》的國學家本居宣長也認為，與日神信仰無關，乃是取地理位置之意。日本處在東夷之極，這是中國人自古的看法。向東惟看日（王維詩），遣隋使的日出處也好，遣唐使的日本也好，用的是中國觀念。至於日本國書寫日出處天子、日沒處天子，惹惱了隋煬帝，恐怕是因為天子只一個，日本哪裡配，當然教大隋天子滿臉濺朱。妙的是有人說，只有站在朝鮮半島上，才可以東看日出，西看日沒。

《新唐書》記載：唐高宗咸亨元年（六七〇年）倭國派遣使節來祝賀征服高麗，此後稍微學習中國話，就討厭倭這個名，更改為日本。對中國啟用這個國號是西元七〇二年日本第八次遣唐。使船靠岸，當地人揚聲問道：你們從哪裡來的呀？船上答：來自日本。唐人就又說：以前大海裡有一個大倭國，人都很文明。日本史書《續日本紀》記這段史實鑾生動，自誇了一通，就算把國號由倭變成日本。未免有點像「物語」（故事），但中國替他們遺留了物證，是唐人墓誌。碑主曾擔任春宮侍郎，「日本來庭」，正是這一幫人，他出面接待，還「共其話語」。

這時候的大唐，武則天廢了兒皇帝睿宗，親自登極，給兒子改姓，改唐為周。按說她對改變國號應該很在意，但「皇明遠被」，人家大老遠地來朝貢，愛叫什麼叫什麼罷，名從主人。七〇三年武則天還在大明宮的麟德殿設宴款待了使節。皇上畫了圈，接受並承認新國名，到了臣子筆下就變成「武后改倭國為日本國」，對於自以為老大的唐朝來說也實屬正常。

日本學者研討從倭到日本的國號變化，即國家形成史，基本以《三國志》、《舊唐書》等中國史書的記述為框架。也就是日本列島上起初有很多國，互相兼併，最終形成日本國。他們往往把改變國號視為中國難以接受的事情，有意無意地藉以抬高日本敢於跟大國抗衡的形象，反倒令人覺得不過是一種小國心態。像我們愛說地大物博，他們愛說自己國小資源貧乏，聽來鑾「矜小」。就《舊唐書》所記來看，唐朝在意的並非改名問題，而是日本人「不以實對」，到底鬧不清，是倭國嫌國號不雅，改為日本，還是本來就有個小國叫日本，吞併了倭國之地，所以才「疑焉」，懷疑它來路不明。而《新唐書》記為倭國吞併了小國日本，襲用其國名，足見中國人被搞得稀裡糊塗。

二〇〇四年在西安發現一塊碑石，赫然有「國號日本」四個字，又為日本的國號提供了物證。這是一個日本留學生，於唐開元二十二年（七三四年）死在中國。名叫井成真，可能本來複姓，在中國簡略為單姓。他「強學不倦」，惜乎「問道未終」，年紀輕輕就死了，「春秋卅六」。形埋異土，魂歸故鄉。大唐皇上也哀輓，這皇上是唐玄宗李隆基。他還給遣唐使寫過詩，日下非殊俗，王化遠昭昭云云。

唐史認為日本人「矜大」，到了近代，日本終於把國號定為大日本帝國，但我們叫它小日本，滿懷厭惡。現今把日本叫倭，或者叫小日本，好似呼光喊亮，惹阿Q怒目而視，就無非是那些未莊閒人罷。

葉隱

說日本總要說到武士道，說武士道就必然提及《葉隱聞書》。一般只叫它《葉隱》，計十一卷。卷一卷二題為教訓，由山本常朝口述，田代陣基筆錄，通常被當作武士道第一經典的，主要是這兩卷。卷三至卷九記述佐賀藩歷代藩主及武士的言行，卷十記外藩武士言行，卷十一附錄，這些卷大體為事例彙編。

何謂「葉隱」？有人說，意思是哪怕不為藩主所知，也要一心一意效力，好似隱在樹葉間；也有人說，不就是「綠蔭雜談」嗎？日本從中國拿來漢字，有改造，有誤用，常令人費解，譬如《萬葉集》的「萬葉」也莫衷一是。或許「葉隱」指的是佐賀藩，七世紀以前佐賀屬於肥前國，據《肥前國風土記》記載：當地有一株樟樹，枝繁葉茂，日影遮山，日本武尊巡遊到這裡，讚賞此國像大樟樹一般榮盛。

佐賀是樟葉遮隱之地，德川家康封鍋島氏為佐賀藩主。山本常朝（一六五九—一七一九）是佐賀藩武士，也就是地方公務員。從九歲起服侍鍋島光茂。主子撒手人寰，本想跟了去，但當時已禁止殉死，代之以出家，時年四十二歲。出家後，姓不變，而名的叫法有變，改訓讀為音讀，日本人這種變化是我們從漢字讀不出來的。「無論山奧土下，生生世世守護主人之心乃鍋島武士之覺悟，吾等之真髓」，這就是

《葉隱》的根本精神。

自七一二年《古事記》成書，至一八六七年王政復古，日本歷史千餘年，其間近七百年皇權旁落，由幕府執掌權柄。與山本常朝同時代的荻生徂徠（一六六六—一七二八）告誡武士：要知道，如今你們不再是過去的戰士，變成了統治者。武士也叫「侍」，長年形成了一套習慣、規範及修養，不時有人出來說教，樹立道德，讓他們能夠為各色人等作出表率。武士道有兩派，一派以山鹿素行（一六二二—一六八五）為代表，叫「士道」。新渡戶稻造《武士道》一書所宣揚的基本是士道，如芥川龍之介所言：「融合釋尊涅盤之教與孔子平天下之道，更加之以東方神秀之靈氣，養熱烈如猛炎、峻嚴如冰雪之大和魂，以至於今者，實我武士道如斯之謂也。」

再是《葉隱》之教，叫作「武士道」。在主從關係上，士道主張主君不納諫，推行不了道，可以棄他而去，武士道則教說不管主君是怎麼個德性，都必須一忠到底。對於死，士道與武士道歧異尤其大。士道也說要把死放在心上，正因為人固有一死，所以要安分守己，為人倫之道而生。《葉隱》則鼓吹捨身，以死「奉公」，而且以死「忍戀」，以死「喧嘩」（打架鬥毆）。豐臣秀吉統一天下後發佈「喧嘩停止令」，禁止拔刀解決糾紛，偃武興文，而山本常朝這樣對弟子竊竊私語，無疑是眷戀已過去的時代及秩序。他打算為藩主殉死，足以表明其心態之守舊。在和平年代，死不像戰爭歲月那麼常見，更顯得神秘，恍如遊戲，一介老武士隱居一隅，對忠的狂熱是回憶的，對死的迷戀是幻想的。為主子效忠，主動赴死，這種思想有擾亂社會之虞，《葉隱》曾多年被封殺也不無可能。

其實，《葉隱》在佐賀的藩校也不曾被用作教科書。最初刊行是一九〇六年，打贏了日俄戰爭，整個日本正處於好戰的狂熱之中。刊行者中村鬱一把此書呈獻乃木希典，數年後這位陸軍大將攜妻為明治天皇殉死，或許是此書面世的第一個影響。大正年間印行《葉隱》，偏巧總理大臣大隈重信是佐賀人，為之作序。日本全面發動侵華戰爭的一九三七年《葉隱》一下子風行起來，軍國青少年奉為聖典，「武士道就是找死」一語足以支撐敢死隊慷慨捐軀。戰後，「葉隱武士道」被痛加批判，丟進故紙堆。一九六七年三島由紀夫出版《葉隱入門》，說「它是提倡自由的書，它是提倡熱情的書」，《葉隱》由此鹹魚翻身，並跟著他走向世界。一九六九年收入日本名著叢書，《葉隱》一書這才成「古典」。

日本的內戰

中國人不大瞭解日本的歷史，誤解卻不少，例如，認定日本這個國家一貫向外搞侵略，而國內以和為貴，很少有內戰。想一想原因，其一固然是中國人向來不屑於瞭解，但也不無其他。首先是我們這一代學過的歷史都是以階級鬥爭為綱，不過是農民起義史話罷了，而日本人未必也非得這樣寫歷史。再者，中國歷史是一部改朝換代史，而日本的天皇「萬世一系」，不曾把天皇拉下馬，我們就覺得好像沒有過戰亂。還可以有第三個原因，即江戶閉關鎖國三百年，所謂太平盛世，這倒是我們較為知道的，或許就當作了整個日本史。凡此種種，如想要點解藥，不妨翻閱一下這套《日本戰爭史》，吉川弘文館刊行，長了點兒，計二十三卷，即便略過了蒙古入侵、日清戰爭、日俄戰爭、第一次世界大戰、日中戰爭、太平洋戰爭各卷，也還有十七卷之多，寫的全都是日本歷史上發生的內亂、內戰，真有點波瀾壯闊。

第一場戰亂發生在公元一四七年至一八四年，是中國《後漢書》記載的，曰：「桓靈間倭國大亂，更相伐，歷年無主。」後來「乃共立一女子為王」，她就是卑彌呼。

六二七年「壬申之亂」是日本古代最大的宮廷內亂。那時候同母兄弟之間傳承皇位，但天智天皇學唐朝，搞嫡子繼承制，傳位給兒子大友皇子，引起皇弟大海人皇子不滿。天智天皇崩，已避禍出家的大海人皇子起兵，大友皇子兵敗自殺，這位皇叔當上了天武天皇。

所謂「蝦夷征討」，是征服今東北地方不服管的蝦夷土人（稱之為地主才是），自六五八年多次出兵，直至九世紀中葉才徹底平定。清末黃遵憲寥寥數語，把這個史實講得很清楚：「日本開國在日向、大隅，自西而東，蓋逐蝦夷而居之。神武、崇神、武尊、神功皆力征經營，中葉專設征夷大將軍以為鎮撫。唐時陸奧一道猶盡屬蝦夷。近三百年聚於奧北一島，有口蝦夷、奧蝦夷之稱。維新後置北海道，設官開拓，聞其種類只存數千云」。他還寫了一首詩：叢雲揮劍日揮戈，屢逐蝦夷奏凱歌，西討東征今北伐，古來土著已無多。難掩義憤，在黃遵憲《日本雜事詩》二百首當中實屬難得，堪為佳作第一。叢雲，即「天從雲劍」，也叫「草薙劍」，乃天皇傳國的三神器之一，史書上說「日本武尊」曾提著它東征。

十世紀前半，一個叫平將門的武將在關東造反，一度自立為「新皇」。一一五五年近衛天皇崩，崇德上皇與後白河天皇爭奪皇位，翌年後白河天皇動用武將源義朝、平清盛打敗了崇德上皇。源義朝對天皇行賞不滿，犯上作亂，平清盛給天皇換上女裝逃出宮禁，最終平定了叛亂。平清盛躋身於公卿之列，武將從此在朝廷有了發言權。平清盛當上太政大臣（相當於宰相）把持朝政，不可一世。後白河天皇之子以仁王令各地源氏討伐平家，被流放伊豆國的源義朝三子源賴朝也就勢舉兵。賴朝的異母兄弟義經最終剿滅平氏，年僅八歲的安德天皇被祖母抱著投水。一一九二年源賴朝受任征夷大將軍，在鎌倉首開幕府，另立中央，君臨天下。照我們看來，皇權旁落，此後日本長達七百年都處於非正常狀態。

一八六七年天皇家終於從第十五代德川將軍手裡拿回大政，卻也並非一帆風順。先有掃蕩幕府舊勢力的戊辰戰爭，後有討伐建國元勳西鄉隆盛的西南戰爭。耗費於西南戰爭的軍資四千一百萬元，幾乎是全國一年的稅收；堤內損失堤外補，打敗了大清，索要賠款約三億六千萬元。

至於十五世紀中葉至十六世紀中葉，史稱戰國時代，戰亂百年，為歷史小說提供取之不盡的題材，更是不消說的了。日本通常是叫作「合戰」，彷彿也避開了「戰爭」二字的沉重。日本古典文學有一類軍記物語，專門寫內戰故事，最有名的作品是描述源平爭霸的《平家物語》，開篇有云：「祇園精舍之鐘聲，有諸行無常之響；沙羅雙樹之花色，示盛者必衰之理。」而我國《三國志通俗演義》雖然也說「是非成敗轉頭空」，但「話說天下大勢，分久必合，合久必分」另有一番豁達，完全是現世的，由此也可以看出中日史觀之不同。

白旗從何時豎起

二十世紀是視覺世紀，留下數不清的圖像供人們回顧、反思，但不可能留下一切，而且拍攝之際歷史就已經被選擇加工。譬如有一幀麥克阿瑟手握錘子形狀的竹煙斗走下飛機舷梯佔領日本的全身照，如此歷史性場面是他精心策劃的，不過，日本人默默抵抗，各報翌日沒把他駕臨的消息上頭版，也沒登這張頗具象徵意義的圖片。

比起勝利者的堂堂威容來，更令人震撼的是另一幀照片，被題為白旗少女，留影的是一個六、七歲的女孩，赤著腳，右手握樹枝，搭在肩上，展開三角形白旗。她左手遮臉，似乎驚恐對準她的鏡頭，不由地做出女星們躲避曝光似的動作（紀錄片可見，她這是在揮手）。這是美軍攻佔沖繩的記錄，和二十多年後越南九歲女孩赤裸奔逃美軍轟炸的照片同樣驚心動魄。悲慘歷史的創造者也都被攝入畫面，無論勝敗，他們應該很難堪。

舉白旗的沖繩女孩叫比嘉富子，戰火紛飛，她躲進岩洞，裡面還躲著一對老夫婦。他們把兜襠布撕下一截，繫在樹枝上，老爺爺告訴她：出去罷，舉著它，就不會開槍。比嘉富子活下來。四十多年後，一個叫松本健一的評論家在沖繩聽說了這段「佳話」，驀地想：用白旗表示休戰或投降是西方的遊戲規則，這老者如何知道的呢？

雖然西元八世紀成書的最古老的正史《日本書紀》多處寫到豎白旗降伏，但日本人腦海更鮮活的歷史印象是源家軍用白旗，最終剿滅用紅旗的平家軍，「天下縞素」。源賴朝十二世紀末葉在鎌倉開設幕府，另立中央，天皇從此靠邊站。白與紅這兩種顏色在文化傳統上成為對抗的標識，楚河漢界，小學運動會分作紅白兩隊比賽。日本「春晚」叫紅白歌合戰，女為紅組，男為白組，賽歌似的唱到夜半廟裡響鐘聲，例行六十回，越來越不招人看。上世紀九〇年代評論家鉤沉史料，不由地驚呼：白旗的用法是美國人教給日本的。

從麥克阿瑟的左腳踏上日本土地的歷史瞬間上溯近百年，一八五三年，美國東印度艦隊司令彼理（漢字名也寫作伯理）率四艘戰船黑壓壓拍打日本國門。歐美船舶為防腐防漏而通體塗黑，被稱作黑船，有別於唐船（中國船）。當彼理第一次眺望富士山的時候，日本漁民第一次看見蒸氣船。驚醒泰平夢，街裡有人拉起大板車出逃。彼理攜來美國第十三任總統菲爾莫爾的國書，寫道：「我本來知道日本從來的制度，除中國及荷蘭之外，禁止與外邦交易。」彼理並非頭一個叩關，此前常有外國船要求通商，美國也已經第三次來航，但唯有「合眾國第一等之將」這次來，終於能敲開日本閉鎖二百餘年的門戶，奧妙何在呢？

江戶幕府的宰相阿部正弘知道十年前大清帝國慘敗於鴉片戰爭，心下明白日本對外開戰也毫無勝算。即便打退了，也只怕如輔佐幕政的水戶藩主德川齊昭所言，美國艦隊會佔據小笠原等島嶼。艦隊有大炮六十三門，其中加農炮四十二門，而江戶灣炮臺近百門炮的威力小得多。旗艦為二千四百五十噸，著有《海防八策》的兵學家佐久間象山親眼所見，日本船隻好似「大盥之下一些小蛤蜊」。鴉片戰爭後，幕府已經把外國船一律驅趕、上陸則逮捕、射殺的方針改為供給外國船薪、水或食物，但仍舊只許在長崎一地與外國交涉。

彼理《日本遠征記》記載：艦上人員各就各位，步槍在手，炮彈上膛，做好了臨戰準備，駛入江戶灣（東京灣）入口的賀浦海面。日本守關人員駕船來交涉，冒稱高官，要求美國艦隊掉頭去長崎。艦長出面，斷然予以拒絕，限時三天，不答應在此地遞交美國總統致日本皇帝的國書，就直抵江戶城下。松本評論家推測，就是在這時，美國人還拿出兩面白旗，附一封彼理的信函，即所謂「白旗書簡」，交給日本本人。書簡有云：先年以來，各國要求通商，日本以國法相拒，實乃違背天理，罪莫大焉。若不應承，則以干戈討伐違背天理之罪。日本也不妨應戰，但必勝在我，到時候要乞和，就打出此度贈送的白旗，我方即停止炮擊，撤退艦船，以致和睦。

阿部正弘諮詢眾議，閣僚們先是嚷嚷固守鎖國的幕府祖法，把美國艦隊趕出去，可又一轉念，輕率拒絕，因啟兵端，陷國家於危難，非我國之長計，不如忍辱，先接了國書，把他們打發走再說。彼理率三百人在久里濱（今屬橫須賀市）上陸，旗艦鳴炮十三響。沙灘上搭設了帳幕，兩名主管江戶灣進出的官員會見。美國國書裝在純金匣子中，幕府收受的匣子是朱漆的。交接之後，幕府方面拿出事先準備好的「收條」，上面寫著外國事務本該在長崎辦理，但美國使節說這是侮辱，無奈，將軍只好委曲了日本法律，在這裡接收，完事之後請立馬離去。彼理聽了通譯，沉默片刻，說兩三天就走人，但明年還要來，帶更多的艦船。會見約二、三十分鐘，日本官員自始至終一言未發，「以心傳心」。艦隊回航，強行在琉球修建貯煤場。轉年春暖，彼理果然又來了，帶來九艘艦船，在神奈川締結「旨在兩國人民交親」的日美和親條約，翌年在伊豆半島的下田交換批准書。這是日本簽署的第一個不平等條約。匪「夷」所思，久里濱建立「北美合眾國水師提督伯理上陸紀念碑」，是首任內閣總理大臣伊藤博文題寫的。下田把遊船做成黑船模樣，彷佛當年，還年年舉辦「黑船祭」活動。

評論家從故紙堆裡翻出「白旗書簡」，史學界不予理睬。十年後扶桑出版社寫進新編歷史教科書，這才有人站出來駁斥白旗書簡純屬子虛烏有，不能用瞎話教育下一代。不僅《日本遠征記》未提及，而且，若真有其事，日本軍政府咒罵歐美是鬼畜的年月豈能不拿出來，當作國恥以煽動民心。傳聞山本五十六志向海軍，就為報彼理來航之仇，日後指揮了偷襲珍珠港。課本編者們煞有其事，強調歐美列強的威脅，意在警今：日本需要「自衛」，修改和平憲法，重新武裝。至於美國搞的是炮艦外交，論爭的雙方則看法一致。

彼理讚賞江戶灣風光「勝過英國的田園風光」，給各處起英文名。隨艦的德國人畫家海涅畫了不少風景畫，其中有測量船，肆意測量日本的港灣，「船首掛白旗，以示和平之意圖」。憑日本人的黠慧，很快就弄清白旗的西方含義，既用以談判，也示之降伏，由此造出了白旗謠言滿天飛也說不定。吉田松蔭曾乞求彼理帶他偷渡出國，應清楚當時情況，他不相信有恐嚇信，但是說，傳聞彼理一走，官吏就在碼頭上焚燒了他的贈品，估計燒掉的是白旗。或許沒有書簡，而白旗是有的，美國人口頭教給日本人用法，也足以脅迫。

打出白旗是投降，往往也就是和平之始。據松本調查，日軍在「大東亞戰爭」中從未舉過白旗。老照片還是看得少，一時也想不起實例，而電影上的情景屬於藝術創作罷。

「單一民族」是怎樣煉成的

日諺有云：猴子也會從樹上掉下來。所以，人有時候說走嘴，不足為怪。政治家說了不該說的話，日本叫「失言」，卻不同於猴子失手，可能故意那麼說，或者不小心說出心裡話。最近的例子，有一個自民黨議員，叫中山成杉，入閣當國土交通部的部長，好像可逮著機會，接二連三放厥詞，結果大臣的沙發還沒有坐熱，第四天就掛冠走人。他「失言」之一：日本是單一民族。

日本有好些說法教我們中國人納悶，這個單一民族說也是其一。我們想，不是北海道還有一個少數民族阿伊努嗎？沖繩，就是早先叫琉球的，那裡很愛吃豬肉（只是不吃它的哼哼聲和腳趾甲），不是也跟其他島上的日本人大不一樣嗎？民族怎麼就單一了呢？

所謂單一民族及單一國家，歷史學家網野善彥曾這樣描述：從繩紋時代就生活在日本列島、和周圍民族在形態與實質上都不相同的「原日本人」是日本人的祖先。彌生時代以稻作為中心的文化、生活體系被這些人廣為接受，以此為基礎形成了國號「日本」、以天皇為頂點的國家。這個日本國雖有種種變化卻延續下來，國家成員的日本人——「日本民族」未遭受過周圍各民族的決定性侵略、征服，發展了獨自的歷史，直到現在。

高中教科書基本是這麼寫的，網野也曾這麼教學生，但上世紀八〇年代他省悟了這種「常識性日本史模樣」不過是基於偏見的「虛像」。那麼，單一民族的「虛像」，或者稱之為「神話」，產生於何時，怎樣產生的呢？他不曾當作問題來追究。起初小熊英二也理所當然地認定，單一民族神話是國家意識形態、天皇制的重要支柱，應該在明治初年即初具原型，殖民地統治和十五年戰爭更使之強化。或許日本政治思想史家神島二郎一九八二年說的話啟發了他，是這麼說的：「在戰前的日本，誰都說大和民族是雜種民族，混合民族。就是在最提倡日本主義的時候也這樣認為。可是到了戰後，居然古怪得很，進步文化人帶頭嚷嚷起了日本是單一民族。簡直沒根據。簡直沒根據的說法橫行。」小熊便做了一番歷史學調查，並加以社會學分析，洋洋灑灑寫成一部書，叫《單一民族神話的起源》，把日本人的這個自畫像來龍去脈縷述得清清楚楚。

關於日本民族的起源，十九世紀末葉產生了民族混合說（土著、天神子孫、後來從大陸渡海而來的人）和單一民族說（太古以來列島只有「日本人」，蝦夷不是異族，而是不服從天皇的叛徒的總稱），此後的論說從未超出這兩個基本框架，只是每當日本的國際地位發生變化就搖來擺去而已。戰前，日本霸佔臺灣，吞併朝鮮，鼓吹的是與朝鮮半島同祖，天皇身上流著朝鮮人的血。在中國也開辦同文書院，以盡同文同種之義務，極力張揚大日本帝國不是單一民族的國家，日本是諸民族混血、融合而成的，國定教科書上也明記總人口的三成不屬於大和民族。但戰爭失敗，喪失了朝鮮、臺灣，四下裡一看好像戰後列島只剩下「日本人」，如日本史學家津田左右吉，一九四六年便提出「日本國家由可以叫日本民族的一個民族構成，不是多民族混合而成的」，歷史學家井上清一九五七年宣說「同一的日本人種兩千年來共同生活在同一地域」，到了一九六〇年代終於形成了單一民族觀大合唱。影響所致，華裔小說家陳舜臣也寫隨筆強調日本與中國並不是同文同種，後來他自覺有偏頗。政治家拿來「失言」，大概總理中曾根康弘是頭一個，一九八六年說日本是單一民族，從此好像就成了政治家們抒發情懷的慣用語之一。

舉國上下信奉單一民族神話，卻也一分為二。三島由紀夫可代表保守的單一民族論，說「由於戰敗，被壓縮在現有領土上的日本幾乎國內沒有異族問題」，要復活「作為文化概念的天皇」。相對，批判日本的人也總是從單一民族論挖掘問題的根源，如中根千枝認為「日本列島被絕大多數的同一民族所佔據，共有基本文化」，「在一切方面有鄉巴佬傾向」，「沒有國際性這一點很嚴重」。其實，許多人談論日本民族的歷史，不過是在講自己的世界觀或潛在意識的投影。石原慎太郎最體現日

肉なべ
中江

本人見風使舵秉性，一九六八年高談「大體可說是單一民族的國民，說的是跟其他國家完全不通的單一的國語，長年形成了完全獨自的文化，這是絕無僅有的」，一九九四年卻闊論「有一種日本是獨特的單一民族國家的說法，完全是扯淡」，「日本人是全亞洲系統的混交民族」。原來境未遷而時過，日本經濟躍居世界第二位，國際形勢發生了變化，而且出生率下降，人口減少，要大大地開放門戶，招進勞動力，自一九七〇年代後半日本人重新為自己畫像。例如哲學家梅原猛探求民族起源，一九七九年開誠佈公：「我最近放棄了日本民族是單一民族的觀點」，「日本文化的根底有一種把不同人種的人同一化的非常了不得的本事」。然而，混合民族也好，混血民族也好，似乎只是又一個神話。誠如小熊英二所言，要和不同的人共存，不需要神話，需要的是一點點的強大和睿智。

小熊生於一九六二年，東京大學農學系畢業，在岩波書店當了六年編輯，重回東京大學「讀博」，專攻國際社會學。現為慶應大學助教授，研究課題是戰後日本的民族主義。網頁上有照片，抱著個吉他，自道進出版社以後才開始讀書。他主張今後日本必須走多民族國家之路。

菊與刀

中國人研究外國自古多「把酒問青天」式，本來問得好好的，「不知天上宮闕，今夕是何年」，幾乎有蘋果為什麼落到地上的問題意識，但接著不是往深裡挖掘，卻轉向「又恐瓊樓玉宇，高處不勝寒」，望而卻步，對外國終於不了然，反而自大起來，「何似在人間」。這樣的研究，始終是文學的，難以進入科學的領域。

常有人感歎中國研究日本，遠不如日本研究中國，這大概是不錯的，國人仍須努力。不過，別指望中國能夠像日本那樣研究得傾國傾城，因為歷史不一樣。我們即便讀陳壽《三國志》，一般也不要讀其中附驥尾似的「倭人傳」，而日本人讀歷史，讀著讀著就讀進中國歷史裡。日本的中學課本必有中國古文，而中國課本恐怕再友好也難以選用日本古文。其實，關於日本，中國人也有很不錯的研究，但大都是隨感，觀察的靈氣是有的，惜乎沒有渾然大成的論說，結果只能給本尼迪克特那樣的文化人類學家拿過去墊腳。很多人讀書也是遠來的和尚會念經，更不用說西方古典被譯成當代中文，讀來不至有翻閱黃遵憲的難堪，雖然他距我們並不遠，也就是明治維新以後出使日本的。

搞研究不是坐禪，雖然坐冷板凳，卻不必抱平常心。美國對日本的攻勢真顯出強大之際，本尼迪克特奉命研究日本是什麼樣的國民，心豈能平常。研究需要的是視點，不要仰視，要像美國人那樣居高臨下地俯視。經濟落後，不等於文化落後，窮作家寫百萬富翁不也入木三分嗎？日本對美國說NO，便鸚鵡學舌，對日本說NO，完全把自己置於被佔領國的地位，那就連阿Q都不如。本尼迪克特使用的研究技術無非從日常細節的泥塘裡摸出一條魚來。至於這條魚的好壞，見仁見智，好些日本大家如民俗學鼻祖柳田國男，從風土考察人的文化史家和辻哲郎，主張文化上印度、中國、日本各自獨立，無所謂一個東方文化的史學家津田左右吉，都不以為然。某君面色不大好，人說他像是有病，他越照鏡子越覺得自己大病在身，真就臥床不起了——似乎好些日本人就這麼讀《菊與刀》，作為名著，把他們的思惟塞進一個模式裡。對證一下事實，此書實在有不少出入，例如恥。

書中說：「對恥有深感的部族或國民都一樣，所謂恥在日本人生活中佔據最高位置，意味著每個人在意對本人行動的輿論。他甚至只推測別人會做出什麼樣的判斷就行了，以別人的判斷為基準來決定自己的行動方針。」可是，只須看看當總理的小泉，徹裡徹外日本人，哪裡是這個樣子呢？他祭拜靖國神社，中國反對，韓國反對，多數日本人反對，卻一意孤行，何曾在乎輿論，何曾顧及別人的判斷。

不過，作者又說：「真正的罪文化基於對內在之罪的自覺來行善，與之相對，真正的恥文化基於外部的強制力行善。恥是對別人批評的反應。人在人前被嘲笑、被拒絕或者認定被嘲笑了而感到恥。無論哪個場合，恥都成為強有力的強制力。不過，要知恥，實際上需要有別人在場，或者起碼認定有人在場。」原來如此，知恥需要有「外部的強制力」。全世界都在場，小泉也不肯認定自己被嘲笑，我行我素，還是去祭拜，看來我們只好把友好啦和諧啦統統拋到一邊去，起勁兒地嘲笑他，拒絕他，迫使他知恥而行善，以成全日本恥文化。

不知恥與不知恩相關。關於恩，倘若從歷史來看，日本民族向來受之泰然，問題是出在不感恩、不報恩，中國已經再三領教了，美國也開始領教，看來又需要寫一本「菊與刀」。

抄書的樂趣

黃遵憲說：「中國士大夫聞見狹陋，於外事向不措意，今既聞之矣，猶復緣飾古義，足己自封，且疑且信，逮窮年累月，深稽博考，然後乃曉然於是非得失之宜，長短取捨之要，餘滋愧矣。」

黃遵憲是中國第一任駐日參贊，去今百餘年，文字讀來有些難懂了，其實，他的意思也就是後來周作人所說的：

「中國在他獨殊的地位上特別有瞭解日本的必要與可能，但事實上卻並不然，大家都輕蔑日本文化，以為古代是模仿中國，現代是模仿西洋的，不值得一看。日本古今的文化誠然是取材於中國與西洋，卻經過一番調劑，成為他自己的東西，正如羅馬文明之出於希臘而自成一家，所以我們盡可以說日本自有他的文明，在藝術與生活方面為顯著，雖然沒有什麼哲學思想。我們中國除了把他當作一種民族文明去公平地研究之外，還當特別注意，因為有許多地方足以供我們研究本國古今文化之參考。從實利這一點說來，日本文化也是中國人現今所不可忽略的一種研究。」

周作人這話也說了有七十年了，實在說得不錯。

一千字的小文居然抄了三百多字，文抄公的帽子是戴定了，但近年讀一些有識之士的言論，還是讓人想起黃周說過的意思，仍然有時效。抄書是要被人譏笑的。周作人愛抄書，有時也辯白幾句，說抄書也不是很容易的事，往往翻看幾十卷書，找不到一點要抄的東西，白費了許多功夫與精力。抄書就像在哪個地方吃到了什麼美味，要告訴朋友，還打包帶回來，聊供品嘗。美食包回來很可能走味，而抄書應該是抄出最精華的東西，回味無窮，讓人省卻了披沙之勞，直接揀金子。倘若瞪著眼睛把別人的話當作自己的話來說，如出己臆，也許就不算抄了。

據說錢鍾書說過：做學問有什麼難的，無非是把書架上的書拿來抄到自己的書裡，然後再把自己的書擺到書架上去罷了。不知他這是說怪話呢，還是經驗之談，但不無道理。抄書必須先讀書，本事在讀上，讀出確實值得抄的東西來。抄書有高下，高者抄出學問，下者甚至抄到法庭上見也說不定。

社會評論家大宅壯一有一句名言：書不是讀的，是引的。引也就是抄。他自己搞了一個雜草文庫，收藏雜誌，死後成為紀念他的大宅文庫，每天有許多人到那裡查閱抄引。書到用時方恨少，不單少在腦子裡，也少在書架上。腦子裡裝得再多也多不過書架，更何況我們都沒有錢鍾書那樣的腦子。

明知被嗤還是抄，這就是成癖，自得其樂，也於人有益。

斷腸亭日記

永井荷風喜歡王次回的兩句詩：花影一瓶香一榻，不妨清絕是孤眠。他也寫得來漢詩，如：卜宅麻溪七值秋，霜餘老樹擁西樓，笑吾十日間中課，掃葉曝書還曬裘。

谷崎潤一郎在《瘋癲老人日記》中寫道：「荷風的字和漢詩並不算高明，不過，他的小說是我所愛讀的書籍之一。這幅字是過去從一個畫商那兒弄來的，但聽說有人很擅於仿造荷風的字，幾可亂真，這一幅也就真偽不明。被戰火燒毀以前，荷風住在這附近的市兵衛坊的塗油漆的木造洋樓裡，號偏奇館，因之云『卜宅麻溪七值秋』。」

偏奇館遺址在東京麻布區。「偏奇」是外來語油漆的諧音，據說漆的是藍油，一見如事務所，景觀很有點偏奇。永井荷風的名作《雨瀟瀟》、《墨東綺談》等都是在這裡寫作的。

一九四五年三月九日，天氣快晴，夜半空襲，他提著裝日誌及草稿的手提包匆匆逃難：庭前大櫧樹火焰熊熊，黑煙漫捲過來，束手無策，不能到近前看清家宅倒毀，唯有遠望火焰更其猛烈升空，可知偏奇館樓上很多藏書焚毀於一時。閒居偏奇館，舞文弄墨，算來將近二十六年之久。思及三十餘年前在歐美購買的詩集小說座右之書再不能得到，惋惜之情難耐。

兩天後在灰燼中揀出一枚印章，是谷崎潤一郎為他篆刻的「斷腸亭」三字。

這是永井荷風在《斷腸亭日記》中記述的。日記從三十七歲開始寫，一直到去世的前一天戛然而止，「不怕雨不怕風」地連續寫四十二年。每天先草記，然後用宣紙謄清。裝訂成冊，封面寫「日記」，而帙簽為「日乘」。用心之深，顯見是他獨居的一大樂事。寫日記並非說夢話，終究存一份給人看的心思，荷風的日記更屬於創作的日記文學。遠藤周作稱讚《斷腸亭日記》在荷風的作品中足以和《墨東綺譚》比肩，是日本日記文學最高峰之一。永井一度怕被人看見對時局的看法，曾深更半夜起來把憤怨不滿的文字抹掉，外出時還要藏在木屐箱裡，後來感到了慚愧，決心毫不畏懼，直筆所思，為後世史家提供資料。

永井生於一八七九年，比夏目漱石晚十二年，比谷崎潤一郎早七年，畢生仰慕森鷗外為文學之師。某日，森鷗外見到他笑道：我家女兒最近讀你的小說，被江戶趣味感染了。

譯幾段覺得有趣的話：

「我對日本現代文化常甚感嫌惡，如今更知難抑對中國及西歐文物的景仰之情。……之所以能住在日本現代的帝都，安度晚年，只為有不正經的江戶時代的藝術。如川柳、狂歌、春畫、三弦，不正是其他民族裡看不見的一種不可思議的藝術嗎？想要無事平穩地住在日本，非從這些藝術中求得一縷慰藉不可。」

「報章連日報導中國人排日運動，總而言之，是我政府薩長人武斷政治所致，如不至於國家主義弊害反而使國威喪失，危及邦家則幸甚。」

「喜歡看血是日本人的特性。」

「往古日本武尊假扮女子刺殺敵軍猛將熊襲，可知在中國思想傳入之前暗殺就已經有了。」

「讀法國人著《日本日夜記》，其中說日本人的微笑：如果日本人失去微笑的習慣，其貌就野蠻粗暴，令人討厭。兩腮突出，比這臉可愛的微笑消失光芒時，引人注目的只是貪欲的牙齒突出和陰鬱不安的眼睛閃亮。同樣，從日本城市去掉寺院的美觀，剩下的就只是矮屋破房的不成形狀的集合。云云。這與我平常所見一致。」

「日本人好像認為忠孝貞操之道只日本有，西洋沒有。人倫五常之道西洋也有，但若說略微不同之處，在日本如寒暄一般什麼事情都要把忠孝掛在嘴上。而且有怨恨，陷害人的時候也要拿忠孝當工具，說那個人不忠，揭發私生活。言必稱忠孝好似通行證，沒它就難以度日。」

「直至昨日在日本軍政府壓迫下呻吟的國民豹變，對敵國阿諛之狀可掬，雖非義士，見此也不能不皺眉。」

「中國儒學，西洋文化，日本只不過學了皮毛，終不能咀嚼。」

書中世界

以前聽說過，從太空船上能看見長城，聽著就覺得中國了不起，你飛得再高也不敢目空一切。可是，近來又聽說看不見了，這倒也無所謂，反正興奮過了，咱再接著編別的瞎話。

還聽說過湯川秀樹，一九四九年這位理論物理學家為日本拿到第一個諾貝爾獎，四十出頭，那時候日本正灰頭土臉，而中國版故事的點睛，常落在他建構介子理論深受了我們莊子的影響，似有點「男人的一半是女人」或者「軍功章有你的一半也有我的一半」的意思。最近讀他的隨筆《書中世界》，一九六三年岩波書店版，裡面明白地寫著老莊是他的最愛。

他本姓小川，入贅為婿，改姓湯川。提出介子理論是二十五歲的時候，在大阪大學當講師，還不曾出過國。外祖父是武士，湯川五、六歲就跟他讀漢文。自傳《旅人：一個物理學家的回憶》中寫道：「我覺得這個年紀誦讀漢籍絕不是無用的。雖然只是跟著外祖父複誦，但自然而然地親近了漢字，後來讀書就容易了。」十二歲已經喜好老莊，而厭惡孔子，後來「覺得與漢代以後的學者相比，中國上古思想家更可親」。走在科學的旅途上，「很長時間我忘了老莊哲學，但四、五年前考慮基本粒子時驀然想起了莊子。而且想，基本粒子後面的東西也許是分化成各種基本粒子之前的尚未分化的什麼東西。用迄今所知的詞語來說，那就是混沌罷。」於是預言了介子的存在，十餘年後被證實，獲得諾貝爾物理學獎。博而不導，沒帶過弟子。認為創造的基礎是發現無人注意的類似性，需要持續的集中思考。涉足廣泛，基本粒子物理學不用說，從宇宙物理、生物學、信息學等，到日本、中國、朝鮮的歷史文化都不止於淺嘗。在《極微的世界》一書中說：「我想讓住在地上世界的很多人知道這遙遠的（基本粒子）世界的稀奇而不可思議的景觀，或許心情也像是旅行人跡罕到的異境的人給故國的友人寫信，是一種鄉愁也未可知。」

湯川愛讀書，耽讀《羅素縱談錄》而開會遲到。藥販子向羅素推銷烏髮藥，羅素不理睬，因為他頭髮越白，人們越容易相信他說的話。湯川說：這個年高八十七的羅素很老莊，但實際行動上完全與老莊思想背道而馳，未停留在「哲學家的工作不是改變世界，而是瞭解它」。廣島和平公園裡銘刻著湯川秀樹的和歌，祈禱魔鬼莫再來這裡。

有人請題字，湯川經常寫「知魚樂」三字。在紀念介子論發表三十周年的國際會議上，他講過莊子與惠子在濠梁之上關於知不知魚樂的對話。據說現在仍有人堅信從太空船上是能夠看見長城的，那我們就當他知魚樂，知之地球上也。

雜誌日本

日本有一個詞，用漢字寫作「書下」，意思是新寫了作品，不先在報刊上發表，直接出版單行本。時見出版社用它打廣告，大概此做法不屬於出版常規，而一反常規，似乎那書就別有看頭。譬如二〇〇九年十二月講談社建社一百年，推出一個拳頭產品以誌慶：兩年間出版一百種「書下」作品。作家基本要各事其「主」（出版社），能一舉約來百位有名氣也就有銷路的作家為它埋頭執筆，小說類既有諾貝爾文學獎得主大江健三郎的《水死》，也有八〇後的輕小說旗手西尾維新的《難民偵探》，百花齊放，不愧是第一大出版社。

中文裡好像沒有可以跟「書下」對應的詞語，這或許表明日本的出版方式和我們中國有所不同。像大小餐館備置水箱或槽，魚蝦翕忽，撈上來活蹦亂跳下油鍋，吃一個新鮮勁兒，「書下」的魅力即在於大姑娘上轎，不曾被報刊過過手。但倒退幾十年，「書下」形象並不佳，初出茅廬的新手才只能這麼出書，而大腕要一魚二吃，乃至三吃——連載了之後結集單行本，過三年五載又改為文庫版上市。譬如小說家山崎豐子，自認新潮社名編齋藤十一是栽培她的恩人，因為剛獲得直木文學獎，齋藤就約她給《週刊新潮》寫連載小說——「當時五味康祐、柴田鍊三郎們揮毫正酣，我一個新手哪敢寫，再三固辭，但齋藤勸說：『你恐怕這輩子離不開稿紙和鋼筆，別膽怯。』這就是我作為職業作家的出發點。」此後她創作《白色巨塔》、《不毛地帶》、《不沉的太陽》等長篇巨帙，都是在雜誌上連載三、五年，然後再付梓單行，這兩年接二連三改編為影視劇，東風更與周郎便，各種文庫版大暢其銷。

「以刊帶（帶動）書」是日本出版業的傳統。泡沫經濟大崩潰，出版業在一九九六年達至巔峰，此後一路走下坡，二〇〇九年跌下了二十年前的水準。實際上，慘跌的主要是雜誌，圖書沒怎麼跌。大出版社兩條腿走路，書刊並行，但有點跛，例如以有趣有益為出版理念的講談社獲利百分之五十五靠雜誌，與講談社爭雄的小學館，雜誌利益更占到十分之七。新潮社是文藝出版社，以書為主，雜誌也發行多種。自一九六〇年代以來，雜誌出版效顰美國，依存於廣告，辦雜誌好似做盤子，用來盛廣告的美味佳餚。遭遇經濟不景氣，廣告收入銳減，況且看廣告主的臉色辦刊，也惹得讀者蹙額而不顧，就只有紛紛收攤。至於圖書出版，二〇〇九年就小說來看，何止村上春樹的《1Q84》一峰突起，如山崎豐子舊作文庫版、講談社「書下」作品，又時逢太宰治、松本清張冥誕百年，這兩位大家的書，也都賣得有聲有色。

這種「以刊帶書」結構並非世界出版業發展趨勢，而是生來與俱，源於日本近代出版業發軔之初。日本主要出版社幾乎都是辦雜誌起家，譬如講談社，它的講談二字是評書的意思，一九〇九年野間清治創辦了一個雜誌叫《雄辯》，過兩年又創辦《講談俱樂部》雜誌，再轉向出書，做大做強。文藝春秋本來是作家菊池寬為了自己想寫什麼就寫什麼，一九二三年創辦小冊子似的雜誌《文藝春秋》，而後儼然是日本最具代表性的出版社之一。小學館最初創辦了兩種以小學生為對象的雜誌，逐步發展為綜合出版社，統領日本兩大出版集團之一的一橋集團，但行世近九十年，終於抗不住時代變遷，最近這兩種雜誌告退，彷彿預示了日本維持百餘年的出版體制也行將終結。

由雜誌起家，從編輯到生產、銷售，整個出版流程自然都具有雜誌性。出書也像出雜誌，譬如二〇〇九年河出書房新社出版「書下」的新教養叢書，內容涵蓋文學、思想、歷史等，第一批推出《讀者在哪裡》等六種，此後如定期刊物，每月出兩種。用雜誌手法出書，始作俑者是「圓本」，這是日本出版史上的一大事件。昭和元年（一九二六年），三年前關東大地震等殃及改造社，眼看要破產，社長山本實彥決定鋌而走險，出版《現代日本文學全集》，一圓錢一本，即所謂「圓本」，薄利多銷。當時，小學教員起薪為五十圓，一瓶啤酒四十錢。可山本手裡沒錢，只有搞預訂，先交一圓錢，孰料訂戶竟多達二十三萬。於是像月刊雜誌一樣，一個月一卷，共出版六十三卷，大獲成功。一犬吠聲，百犬吠影，呼啦啦掀起全集出版熱，持續了三年，使出版及文學大眾化。作家鼓起了腰包，日本人的文學及文化水準也打下基礎。

近代出版體制成型之日，也就是近代文學起步之時，並且在作家及其文學的生產、流通之中形成近代讀者社會。文學幾乎是出版這棵樹上結的果，編輯像園丁一般操縱著文學。作品先要在刊物上發表，作家就得按刊物的出版節奏寫，雖然不必像章回小說那樣賣關子，且聽下回分解，但是趕截稿時間，湊連載字數，整個作品不可能一氣呵成，難免雜誌性，鬆散拖遝。據說松本清張最紅時一支筆同時給十家報刊寫連載，寫出來的恐怕大都只能是故事。山崎豐子在週刊上連載《不毛地帶》四年多，出版單行本時砍掉二百頁，重寫一百頁，說「小說本應該寫完了出書，這是我的信念。砍掉了，去掉了贅肉，作品乾淨俐落，心情也爽快。」但這麼一來，真想讀文學的，只好再買書來讀，可就被寫的、出的、賣的賺兩把。

淺田次郎自詡《蒼穹之昴》使他成作家，這部長篇小說二〇一〇年被中日聯合搬上了銀屏。估計淺田也加盟講談社「書下」百書（陸續出版，未預告後面還有誰），他上臺演講，稱讚「這是很好的選題，因為無法辯解，非寫自己的代表作不可。若是連載的話，也許可以說『太忙啦』、『趕出來的啦』，但約請明年一年出一本『書下』的書，寫得不好也無法辯解。大家有這個精神準備，可能這套書該出的就全都是各個作家堪稱代表作的東西。打出了『書下』招牌，最後什麼辯解都不行，於是就殫精竭慮地拼命寫。所以，大概這一百本書按什麼順序怎麼讀都無損」。

對於雜誌上連載或刊登長篇作品，村上春樹很不以為然，他曾就《圍繞羊的冒險》大發牢騷：

「這個作品是在《群像》上以一舉刊登全文的形式發表的，但寫作途中換了責任編輯，編輯部的方針也大大變化，作品終於寫成了，但作品的處境，我的處境，說老實話──已經是遙遠過去的事情，狀況也變了，所以我覺得不妨老實地說──記得好像不能說心情很痛快。心境有點像生下一個品質差的醜孩子的母親。當然，雜誌有雜誌堅定不移的性質或方針，至於我，對那種事毫不在意，但那時就有了一個印象，即雜誌這種容器或許只適於短篇或隨筆，不適於做曠日持久的工作。寫長篇小說是實在脆弱的勞作，它往往需要嘔心瀝血般的孤獨的集中力，但一點點瑣事就可能打亂力的平衡。也由於這個原故，從此往後長篇小說全部採取了『書下』的方式。說來人有各種各樣的情況或工作方法，但是就經驗而言，我覺得自己性格上適合『書下』形式。其他工作全都不做，集中幾個月一氣呵成，然後花時間慢慢推敲，這樣的寫作方式，連載小說是怎麼也不成的，雜誌一舉刊登全文也覺得好像還要多費一遍工夫。掌握了最適合自己的寫作步調，也正是通過這個小說。」

　　看來這幾位作家都認為『書下』是文學創作及出版的正道，不過，要知道，他們可都是粉絲如雲，而那些好似獨自在卡拉OK單間裡我為歌狂的作家活得不滋潤，把能夠按期進賬稿費的報刊連載當作薪水，而出版單行本，一年結一次版稅，則算是獎金。對於這樣的作家，先連載後出書的方式也像是出版社的仁義。

品格

二〇〇六年東京國際書展是七月六日至九日，有三十個國家的七百五十家出版社參加。書展上舉辦講座，有人講亞洲出版市場的最新情況，有人講怎麼出暢銷書，倘若聽了出書就暢銷，花再多錢越海而來也值得。做主旨講演的是教授藤原正彥，教數學的，講題是《國語救祖國》，好像有意思。之所以請他來講，原因沒別的，無非他出了一本《國家的品格》，最近很暢銷。這本書本來是講演記錄稿，看來他比較會講演。我買來讀，卻不是因為它被捧為「給所有日本人以自豪與自信的劃時代的日本論」，而是出於一點懷舊情緒。以前當編輯，和日本文學有關，知道新田次郎擅長寫人與自然的搏鬥，開創了「山嶽小說」，曾在文壇上與司馬遼太郎、城山三郎並稱「三郎」，被我們的專家很當回事介紹過。這個藤原正是新田次郎（本名藤原寬人）之子。

《國家的品格》的主旨大致是：日本人戰後被教育得喪失對祖國的自豪與自信，腰腿完全軟了，把自古應傲然於世界的「情緒與形式」忘到了腦後，賣身給歐美以市場經濟為代表的「邏輯與合理」，弄沒了「國家的品格」。日本應敢於向歐美把持下的全球化趨勢挑戰，不是當普通國家，要當「孤高的日本」。在難以克服的經濟蕭條中狼狽的日本人昏了頭，誤以為改革等於改善，胡亂丟掉了往昔的好風氣。哪怕經濟的太陽西下一世紀，也要保持孤高自持，只有日本能夠從拜金主義下拯救世界。

藤原對民主主義不以為然，他認為主權在民的前提是國民成熟，但豈止日本，哪裡的國民都永遠不成熟，所以民主的德國出了個希特勒，發動戰爭的日本也已是民主國家。這就需要菁英來管理國民，抑制民主主義，世界上最好的菁英就是日本過去的武士。

他深深皈依武士道精神，認為道德是人的坐標軸，而武士道精神是日本道德的核心，必須恢復「情緒與形式」，首先是對於自然的纖細感受性。所謂「情緒」，不是指喜怒哀樂，而是教育所陶冶的情操；所謂「形式」，是來自武士道精神的行動準則。他說日本人從沒有征服自然的念頭，敬畏自然，所以是謙虛的。然而，憑他讀書之廣，不會不知道日本人怎樣為捕鯨領先於世界而自豪，又怎樣自吹用四年工夫就把加里曼丹島熱帶雨林砍個精光，勝過荷蘭人英國人一百年。又說俳句是日本人心通自然的看家本事，但青蛙跳進老池塘、烏鴉宿枯枝云云，只怕日本人也是讀了不厭其煩的註解，感受才纖細的。其實，藤原的說法大都是從別處拿來的，拾人牙慧，但善於說得淺白，並且或者往反裡說，或者往狠裡說，確有點睛之妙，振聾發噴。

至於一個「小小數學家」為什麼很有點當一把福澤諭吉的架勢，大談國格呢？原來藤原正彥曾在美國執教三年，把美國佬派頭帶回日本，卻四處碰壁。又去了一年英國，發現英國跟美國不一樣，重視習慣與傳統，於是就認識到還是日本的「情緒」、「形式」好。可這裡就有了點矛盾：既然市場原理等不知止境的美國化已遠遠超出了經濟，甚至給社會、文化、國民性也造成深刻的影響，國格淪喪，以致他丟下數學，挽頹風於既倒，那麼，他在日本還哪裡有壁可碰呢？看藤原的尊容，確實像是個沒品的人，但我卻不同意他說的，他這個沒品的人寫出一本有品的國家論純屬罕見之極。其實，越沒品的人才越愛寫這種東西，日本從來不少見。他夫子自道：要是讓他老婆說，他的話一半是錯的，剩下一半是吹牛皮。這樣東拼西湊的東西也好意思拿出來賣錢，實在不大像「餓著肚子叼牙籤」的武士。可不要供品太豐盛，把老子羞得從牌位上跌將下來。

金子般的童謠

吳菲愛買書，有這樣的妙語：有時買來書，看看書皮，再讀兩篇有關的書評，就覺得這本書已經讀過了。我也常有這樣的體驗，甚而被書評的淺薄倒掉了胃口，把興沖沖買回來的書丟在書堆裡不讀了。不過，詩，特別是童謠，讀多少論說終不如直接讀作品，謂予不信，那就請讀吳菲為我們的大人和孩子翻譯的金子美鈴的這些童謠罷。

童謠，中國的意思是兒童當中流傳的詩歌，而日本這種詩乃特意為兒童而作，可譯為「童詩」，作者往往是大人，甚至大詩人。上世紀的一九一二年至二六年，病弱的大正天皇在位，夾在明治與昭和之間，是民主化蓬勃的時代，以城市為背景的大眾文化也初具規模。一九一八年，私淑夏目漱石的小說家鈴木三重吉創刊兒童文學雜誌《赤鳥》，掀起一場轟轟烈烈的童謠運動。不僅著名文學家熱情參加，第一流作曲家也踴躍為童謠配曲，好些歌曲至今仍然為日本人愛唱，聽著就讓人覺得像富有童心。為有別於歷史上讖緯意味的童謠，以及孩子們自己編唱的童唄（又叫傳承童謠），大正時代蔚為大觀的童謠也叫作創作童謠或藝術童謠。「赤鳥」一唱，童謠雜誌競相問世，童謠唱片也隨之熱銷。動聽的曲子使童謠長上了翅膀，傳唱四島，卻也使它後來幾乎不再被當作詩，完全變成了歌曲之類。現今電視也總在唱，但改叫「孩子的歌」。投身於「赤鳥」運動的詩人有北原白秋，負責《赤鳥》童謠欄，他基於童唄形式創作的童謠別開生面。還有藝術派詩人西條八十，是他發現並扶植了金子美鈴，稱之為「巨星」。

金子美鈴一九〇三年出生在瀕臨日本海的山口縣。吳菲也住在那一帶，那海那山那積雪、鈴鐺和魚，簡直就生活在美鈴的童謠裡。美鈴總在和自然說話。家鄉仙崎村（今長門市）曾經是有名的捕鯨港，人們把鯨魚腹中的胎兒埋葬立塚，年年辦法事，她卻聽見了小鯨魚在海裡哭泣。姨父（後來是繼父）開書店，註定了美鈴的一切因緣都是與書店相關。在書店裡打工，她坐擁書城，雖遠離東京，卻能從雜誌上讀到童謠，二十歲時自己也開始寫。一下子投給四個雜誌，都得到發表，其中三個雜誌的童謠欄正是由西條八十主持。他寫下這樣的評語：「在大人的作品當中，金子的《魚兒》和《幸運小槌》打動我的心。語言及韻律的處理很不足，但似乎有一種融融溫情籠罩著整個童謠。這種感覺正好跟那位英國的克莉絲蒂娜·羅塞蒂女士同樣。在閨秀詩人一個都沒有的今天，請照此努力下去。」美鈴和書店的店員結婚，生有一女，但丈夫尋花問柳，把性病傳染給她，還禁止她作詩。離婚後女兒也被從身邊奪走，使她對生活絕了望。美鈴自殺，人生只活了二十六年。西條應時寫

軍歌去了，「大正浪漫」收場，軍國主義戰爭的硝煙也遮沒了童謠。不過，美鈴的作品並不曾散逸，深藏在胞弟手裡，有五百多首，一九八四年終於問世。就在這一年，為復興童謠，日本童謠協會把七月一日定為童謠日，是當年《赤鳥》創刊的日子。

譯詩難，譯而成詩更難。讀吳菲的譯作我覺得是在讀詩，童趣盎然。「如果山是玻璃做的，我就可以看到東京罷」，「如果天是玻璃做的，我就可以看見上帝罷」——金子美鈴的童謠是童心做的，我感受了，觸摸了，彷彿也撿回了童心。金瑩、蘇打和吳菲他們喜愛的也正是金子美鈴那金子般的童心，而且不止於喜愛，還要把這份童心感染給更多的人。為出版《金子美鈴童詩選》而努力兩三年，這又是多麼可愛而可貴的童心啊。

可樂嬰兒

二〇〇八年八月十六日，日本農林水產部部長太田誠一公言：日本人特別有潔癖，本來國內用不著擔心，但消費者挑剔，說三道四，就不得不應對。

我僑居日本二十多年，在吃喝上怎麼也挑剔不過人家日本人。當年在中國，文化大革命歲月，說一句咱們群眾如何，能立馬教對方氣餒，似乎當今日本一提到消費者也有了這個氣勢。至於當官亂說話，那就只剩下掛冠走人一途了。

日本消費者的挑剔，也是吃一塹長一智，吃來吃去長成的。例如米糠油中毒事件，記憶猶新，發生在一九六八年。這個事件不僅是日本最大的食品公害事件，而且是人類歷史上攝食戴奧辛類食品公害事件最為嚴重的。到今年十月，整整四十年過去了，受害者體內殘留的多氯聯苯（PCB）和戴奧辛仍然比一般人高幾倍乃至幾十倍。更可怕的是戴奧辛具有生殖毒性，受害者生下的孩子膚色發黑，倘若是女孩，她結婚生子也會是「黑孩子」，痛苦不知將傳到哪一代為止。

米糠油中毒事件充滿了隱瞞、謬誤以及荒唐，歸根結柢是不以人為本，不尊重生命，如今說來也是滿紙辛酸淚。

一九六八年三月至十月間，九州地方出現一種怪病。患者好像長出青春痘，眼睛、皮膚色素沉著，手足麻痹或浮腫。因為一家一家地染病，所以首先懷疑到食品。媒體《朝日新聞》採訪調查，發現得怪病的家庭每天食用一家叫「卡內彌倉庫」公司製造的米糠油，於是在十月十日報導「米糠油中毒」。一時間人人自危，申報受害者多達一萬四千人。但時至今日，國家認定為遭受公害的人數不過是其中的百分之十幾。一家人同樣吃污染米糠油患病，有的被認定，有的卻不被認定，因為難以認定：某某症狀不吃污染米糠油也會有。就像認定水俁病，先得證明你是否吃了那海裡的魚。盡可能不認定，控制賠償金，概不負責，結果多數受害者被棄置不管。他們只有去呼天搶地：國家和社會拋棄了我們。

米糠油事件最初認為是米糠油加熱脫臭，不銹鋼管道受腐蝕出現小孔，PCB滲漏，污染米糠油。雖然當時人們還不大明白PCB的毒性，但食品衛生法規定「食品中不得混入未允許作為添加劑使用的異物」，廠家若無其事地上市出售受污染的米糠油，這就打破了法律的底線，缺乏最起碼的職業道德，良心大大的壞了。或者應該說，那時候發展經濟壓倒一切，人們的良心還沒有大大的好起來。「卡內彌倉庫」公司曾大做假廣告，說米糠油有益於美容與健康；一天喝一盅，高血壓見好；皇后陛下也在吃。直到一九八〇年，原脫臭工段長坦白，事實是維修脫臭塔時發生事故，把循環蛇管開了洞。面臨調查，有關人員燒毀、更改了生產日誌，隱瞞事故真相長達十二年。一個刑事審判和四個民事審判就是在虛假的原因上浪費唇舌，耽誤對受害者及早救治。

日本自一九五四年開始生產PCB，四年後「卡內彌倉庫」公司用它作熱媒介脫臭，產品也因之暢銷。PCB本身毒性並不那麼強，為什麼造成如此嚴重的事件呢？長山淳哉讀研究生時從事這項研究，一九八一年發現米糠油中毒的主要原因是PCDF，屬於戴奧辛，毒性是PCB的幾千倍，而且殘留在肝臟或皮下脂肪中。PCDF是PCB在不銹鋼管道中循環加熱時生成的。找出元兇，距事件發生已過去十九年。

受害者把農林部告上法庭，二審勝訴，農林部臨時補償每人三百萬日元，但一九八七年被害者和農林部在最高法院和解，訴訟就此終結，受害者必須退還這筆錢。由於律師失誤，受害者以為錢不必還，用於治療和生活。農林部頗有「作為」，年年發信追討，而且父債子償。本來有的人隱瞞實情而結婚，或者對後代加以隱瞞，卻被催債信揭破隱私，造成離婚或家庭暴力，甚至有人無力償還而自殺。其實，國家對米糠油受害者的實際情況從未進行過調查。二〇〇七年參議院通過了一項特例法案，免除受害者退還當年發給他們的錢，總算伸出了救助之手。但矢野豐子說：還沒治好，這麼不算完。

矢野是米糠油事件受害者，一九九五年長山淳哉遇見她，為她那種對「目標的正當性絲毫不動搖」所感動，寫了一部長篇紀實，叫《可樂孩子》。通過矢野豐子的人生歷程，記述怪病患者在肉體與精神上遭受的巨大痛苦，以及周圍對患者的歧視，患者團體內部的糾紛等。任何事件往往只是在發生之際轟動一時，然後有意或無意地被新的事件遮掩過去，無人再關心，任憑受害者在活地獄中掙扎。矢野積極搞運動，讓國家為那些未被認定的受害者進行檢查診斷，予以救助。她要把請願書直接交到當權者手上，卻難以見到只是在選舉時對選民點頭哈腰的大人物。好在市府大門是敞開的，於是她一大早就來守候，追在市長後頭把一隻腳伸進電梯，被秘書推出來，就再伸進去。市長們慌忙換乘另一部電梯，她又把腿伸進來。無可奈何，市長只好轉過身，矢野沖著在遠處觀望的受害者們喊：大家快站好，給市長鞠躬請求。就這麼遞上了請願書。

長山淳哉是醫學博士，專攻環境醫學、環境遺傳學，在日本最先對垃圾焚燒等造成戴奧辛污染環境及人體提出警告。人類製造出來的PCB、戴奧辛類難以分解，具有蓄積性，從南極圈、北極圈的動物體內也檢出，然而與歐美相比，日本對戴奧辛的認識是落伍的，二〇〇七年長山出版了一本《戴奧辛不可怕那是胡說》。

信長密碼

《信長之棺》，當初在書店裡看見這個書名便覺得有意思，但書帶上醒目地印上小泉首相也愛讀，不由地反感。這固然是早年在中國被所謂利用小說搞反黨活動云云造成了逆反心理，可小泉並非書評家，恐怕閱讀水準也未必高，終歸是在作政治秀，對於一部文學作品來說，固然惹些人愛屋及烏，卻也可能把天生麗質抹上鋼管舞女郎的粉黛。不過，更令我感興趣的是，作者加藤廣生於一九三〇年，此出版於二〇〇五年的歷史推理小說竟然是老先生的處女作。年過七十寫小說，很有點逾矩，但讀來真覺得他已經從心所欲。

織田信長、豐臣秀吉、德川家康，史稱戰國三雄，所謂時勢造英雄、英雄造時勢，信長布武天下，秀吉統一天下，家康泰平天下，一個接一個應時而出，各逞本性，盡施手段，推動了歷史演進。自一四六七年應仁之亂，長約一世紀群雄割據，即戰國時代，最終被自稱第六天魔王的織田信長收拾了動亂。他也算死得其所，不然，再多活二十年，或許用懷抱給他焐草履的羽柴秀吉不會被朝廷賜姓豐臣，一犯難就愛咬指甲的德川家康不會打關原戰役，天下能否及早統一而泰平不好說。但信長死不見屍，也留下一個千古之謎。所謂千古，乃中國形容詞，織田信長死於一五八二年，時當明萬曆十年——黃仁宇蜚聲海內外的著書是《萬曆十五年》，再順便說一句，日本人向來也欠缺黃氏所鼓吹的「大歷史觀」——風騷未及五百年。

他死在本能寺。

一五八二年，即天平十年，織田信長進京（京都），住在本能寺。據近年考古發掘，這本能寺不是一般寺廟，周圍有石垣、水堀等，雖稱不上城堡，卻也具備了防禦功能。六月二日，信長一早被吵醒，得知明智光秀造反，率軍圍攻，說了一句「沒奈何」，持弓執槍迎戰，但兵馬都派出征討，身邊只有為數不多的隨從，抵不住萬餘叛軍。身負槍傷，退入廟堂，命近侍森蘭丸（史上有名的孌童）放火，在烈焰中自刃。本能寺焚毀，現今的旅遊景點本能寺並非重建於原址。明智光秀的女婿明智左馬助在廢墟中搜尋數日，終不見信長殘骸。十月，豐臣秀吉在大德寺為織田信長舉行葬禮，沒有屍骨，下葬了一口空棺。

史學家今谷明說：天正十年六月二日，對於歷史小說家來說是極富魅力的一天，簡直像噴泉一般產生作品素材。

加藤廣也是寫這一天，令人叫絕的是他把太田牛一拉來當「偵探」，追查織田信長遺體，實在是最佳的歷史人選。太田牛一，史有其人，生於一五二七年，活了八十多歲。善射，人到中年成為織田信長的近臣，職司起居錄，他留在安土城而逃過本能寺一劫。信長死後，仕豐臣秀吉及秀賴。秀吉預感死到臨頭，一五九八年春在京都醍醐寺舉行盛大賞花宴，派他護衛愛妾。太田長於筆墨，所撰《信長公記》為後世留下織田信長一五六八至八二年的事蹟，也寫過豐臣秀吉、德川家康等人的軍記。如果說《信長公記》相當於史料翔實的《三國志》，那麼小瀨甫庵據之敷演的《信長記》則類似《三國演義》，江戶年間曾廣為流傳。

本能寺之變的最大謎團是明智光秀。

他是織田信長的家臣，屢建戰功，成為阪本城主。有儒將之風，在所撰《明智家法》中明言信長恩重如山，一族乃至子孫不可忘盡忠，卻為何棄義叛主呢？

關於他謀反的因由，歷來諸說紛紜。其一是怨恨說，說他經常受信長淩辱，如在酒筵上辱罵他禿頭（光秀二字的儿與禾，合為禿字），由怨生變。或說有取代信長的野心，證據是命他增援豐臣秀吉，駐軍不前，五月二十七日在愛宕山跟連歌師里村紹巴等人你來我往地聯句，他起頭的一句，意思是時當五月我來治天下，反意昭然。還有說是朝廷唆使光秀翦除有篡奪皇位之虞的信長，《信長之棺》即演義此說，把光秀滯留愛宕山解釋為候領旨意，直搗本能寺。先於加藤廣，安部龍太郎的小說《信長燃燒》即採用朝廷黑幕說，編排了一個信長近侍，為編寫軍記故事而探究主君被殺的原委，原型也正是太田牛一。

本能寺之變的最大受益者是豐臣秀吉。

毛利氏獨霸一方，秀吉奉織田之命率軍征討。六月三日得知明智光秀兵變，他封鎖消息，跟毛利氏媾和，以每天三、四十公里的速度回師京都。按照加藤廣的想法，秀吉早已掌握了光秀的謀劃。信長在本能寺與距離不遠的南蠻寺（受信長保護的基督教堂）之間挖掘了一條秘密通道，以備不測，而一臉猴相的秀吉借刀殺人，事先用柵欄隔斷了地道，使逃出本能寺的信長走進死胡同，煙熏火烤，憋死在裡面。明智左馬助在地面的灰燼中當然找不到遺體。信長的弟弟清玉上人暗中把遺體搬到阿彌陀寺（織田家廟）埋葬。秀吉的大軍勢如破竹，光秀兵敗山崎，被土人殺害，所以後來就說他只坐了三日天下。信長死後天下便落入秀吉之手，好似天上掉餡餅，歷史的疑點自然也落到他頭上。

加藤廣效仿黑澤明電影《羅生門》的手法，從三個角度追尋一個謎，《信長之棺》之後又接連創作《秀吉之枷》（二〇〇六年刊）《明智左馬助之戀》（二〇〇七年刊），分別從明智一族和豐臣秀吉的角度寫信長，寫全了死者、勝者、敗者，構成「本能寺三部曲」。他要寫敗者之美，勝者之哀，那麼，本能寺之變的勝者哀在哪裡呢？秀吉妻妾成群，唯有側室茶茶生下二子，但他們果真是自己的親骨肉嗎？這讓他苦惱不堪。關於豐臣秀吉戴綠帽子，他在世時人們就竊竊私議了。

加藤廣畢業於東京大學法學部，按部就班作上班族三十年，自一九八〇年代後半從事經營顧問。搞這個行當大概很善於開導、遊說、演講，隨手把逸事、傳聞或他人作品的隻言片語拿來當材料，誇誇其談。五十歲時動筆寫經濟書，出版有十幾本。自道經濟書只能賣三、五千冊，為賣得更多，轉而寫小說。打算再寫七、八本歷史推理，然後寫現代推理小說。去年（二〇〇七年）把一本最自珍的經濟書《豐富的探求》加上副題「《信長之棺》工作論」重新上市，宣導不要把人生放進工作裡。他推崇荷蘭歷史學家赫伊津哈（Johan Huizinga）的遊戲論，遊戲比文化更古老，遊戲創造了秩序，遊戲的人先於製造的人，人是遊戲的存在，武士道也是在遊戲中展開的。利休之所以被豐臣秀吉賜死，《秀吉之枷》中舉出的原因是秀吉已取得天下，需要遊戲性閒情逸致，而利休猶寧死把茶道當作送武士上戰場的「一期一會」的赴死儀式，悖逆了時代。

關於信長遺骸的下落，猜測甚多，或說他沒有死，逃出本能寺，或說被炸成齏粉。加藤揣摩二十年，提出地道說，別出心裁，但一些史學家及小說家對這個好像也有點幼稚的說法不以為然，甚至嗤之以鼻。加藤便反駁：那你們說信長的屍體哪兒去了。他說，在公司裡做事的人都明白，拿不出方案，卻一味反對人家的新想法，是搞垮公司的根源。在他看來，不當公司職員就鬧不懂戰國武將的心情。這麼急赤

白臉的，似乎就少了點遊戲之心。真要是叫真的話，我想，小說大暢其銷，賺了好多錢，雇一台掘土機在本能寺與南蠻寺之間挖一挖，謎底不就能大白於天下嗎？

小說，而且是推理，我們讀來也不必把作家放膽懸想的歷史當真，抱著遊戲之心才讀得興味盎然。忽而想到暢銷一時的《達文西密碼》，日本歷史上密碼也頗多，只是還沒有寫出能風行世界的作品，其實也無須多麼文學。

劇作家之死

井上廈於（二〇一〇年）四月九日去世。據他女兒說，井上曾笑談：能寫了《組曲虐殺》，死而無憾。

人們悼念他，說小說與戲劇是他的雙輪，並驅前行，但我認為他首先是一位傑出的劇作家。

《組曲虐殺》是評傳小林多喜二的音樂劇，二〇〇九年十月上演。劇中未出現共產黨之類的字樣，但誰都知道，小林是上世紀初葉的普羅文學家，著有《蟹工船》，被員警拷問致死。故事雖淒慘，但表現手法照樣是非常井上，滿堂笑聲，舞臺上成功演繹了「為什麼連一隻螞蟻都不能踩的靦腆少年能成為忍受三小時拷問甚至不怕虐殺的青年」。井上也曾用戲劇為作家樋口一葉、太宰治立傳。年高八十五的哲學家梅原猛說：「從《葫蘆島歷險記》那時候就覺得井上君是驚人的逸才。他的戲劇充滿辛辣的社會諷刺與幽默，總是站在弱者的立場上。他創造了喜劇新形式，雖然思想不同，但我尊敬他。」

井上廈生於一九三四年，讀上智大學法語專業時，為淺草的脫衣舞劇場寫小喜劇，賺取學費和生活費。淺草是東京老街，民眾演劇勃興於此地，那時主要演員有後來演《寅次郎的故事》系列電影出名的渥美清。本打算就此幹一輩子，但試圖組織工會，要求提薪，被資方指使地痞給打了出去。不過，一年之間他掌握了淺草的笑、用笑鬥爭的方法，日後為同樣出身於淺草的北野武著書寫後記，說淺草時代「是黃金時代」。另謀生路，給出版社倉庫打更，並起勁寫腳本四處應徵，兩年裡應徵一百四十五次，平均每月獲賞金一萬四千多日元（當時小學教師起薪為八千日元）。《稀裡糊塗三十，晃來晃去四十》獲得藝術祭腳本獎勵賞。NHK約他做廣播劇改編及創作。日本自一九五三年開播電視，一九六四年東京舉辦奧運會，彩色電視機借勢普及，就從這一年，NHK播映井上廈與人合作的木偶電視音樂劇《葫蘆島歷險記》，連續一千二百二十四集。

從一九五八年到一九七三年，井上廈幾乎天天去NHK，好似在NHK就職。廣播尤其是電視使他富起來，豈止養家糊口，而且買書，買房，每天抽八十根香煙。東京奧運會開幕後，井上為NHK寫了一個廣播劇《吉里吉里人獨立》，也就是後來大暢銷的小說《吉里吉里人》的原型。故事是東北地方一個被經濟高速度發展所拋棄的窮村莊宣佈從日本分離，建立理想的獨立國家，日本發生一場大混亂。小說還獲得日本SF大賞，但問題是現實，不要忘記NHK是半官方的。井上廈後來在隨筆中追述：「廣播劇的主題和故事展開當然與小說相同，但那反響卻非常驚人，全部是惡評，而且所有的論點都一樣，是這樣的：通過奧運這一宏大的活動，日本終於如今名實都成為國際社會一員。戰後二十年來日本人努力奮鬥，結實為這次世紀性盛典，我們感到驕傲。可是，為什麼播放對日本懷有不滿、一部分日本從日本分離獨立的混帳話？玩笑也太過分了。」另一個廣播音樂劇，寫的是老鼠國，有一集買房騷亂，執政黨政客認為影射了政府的住房政策而施壓。大概這些事情使井上「從電視世界一點點撤步抽身，疏遠了之後再回顧顯像管世界，甚至覺得它不就是『顯像管監獄』嗎」？

關於電視，他進而寫道：「現在一手承擔這個國家的大眾娛樂的，不消說，是被叫作電視的、整天發出青白光的、擺設在各家最好的地方的、那個四方四角的箱子，但這箱子為我們提供的笑貧寒得可憐。為寫這篇小文，某日從清早到深夜我在這箱子前度過，卻沒碰上一次能舒緩我心的笑。」甚至說：「我這十幾年間以提供臺本的形式和電視打交道，如果從這十幾年間的經驗來說，覺得『電視是諸惡之源』。」

這讓人想起社會評論家大宅壯一，早在日本剛普及黑白電視機，他就痛斥「電視同拉洋片一樣，不，比拉洋片更差的白癡節目每天一個接一個。由廣播、電視這些最進步的媒體展開了『一億總白癡化』運動。」小說家松本清張也說：「長此以往，一億日本人很有可能全變成白癡。」當今副總理菅直人幾年前還引用過大宅的說法，批評不讀書現象。人們癡癡看電視，最近有調查統計，某女藝人離婚被報導了將近兩小時，而政府焦頭爛額的轉移美軍基地問題才半個多小時。

與其受制於權力，不如金盆洗手，井上廈轉而寫舞臺音樂劇。用一年零四個月的工夫寫成《日本人的肚臍》，毫無信心地去看舞臺排練，「笑得太厲害，竟然從椅子上跌倒。一瞬之間甚至沒明白，這麼有意思的戲是誰寫的。其實就是這時候，我下了決心：戲劇這東西這麼有意思，那就認真搞下去罷。」此劇於一九六九年上演。井上徹底脫離了電視世界，一九七二年以《道元的冒險》獲得有戲劇芥川賞之稱的岸田國士戲曲獎，一九八三年成立小松座劇團，專門演出他的劇作，以至於今。

上世紀六、七〇年代是政治年代，日本風行小劇場運動，與那些帶有火藥味的戲劇相比，井上廈的喜劇或許被諧音、俏皮之類語言遊戲的笑遮掩了思想，或許被人無視嘲諷，抹煞了思想。一九七〇年上演《表裏源內蛙合戰》，貌似敦厚的井上廈居然在劇場說明書上撰文，說：「『十分有趣但不能否認底蘊淺』，『確實易懂但沒有哲學』，『沒有思想但異想天開，才氣煥發，也不妨有這樣的東西』，這是有識之士對我的戲劇的看法。別人說什麼那是別人的事，與我無關，但是把有說成無，我實在生氣，而且對不起寒舍書架上一大排《世界大思想全集》和日夜愛讀的《現代日本思想體系》等書本。」

井上廈不像大宅壯一那樣標榜「無思想」，他辯白什麼是思想，寫道：「簡單說來，『我們這個世界將來如此如此這般這般，對於自己或者對於人們來說更幸福（以上是價值觀念）。於是，一同考慮不那麼的，不這麼的（這是知識），最好這麼的，應該這麼做。』這是思想。更通俗地說，『最好是這個樣，所以要這麼做』是思想。」實際上，井上廈是一位甚至有點過於有思想的社會活動家。不僅擔任過日本筆會的會長，在他主持下，筆會的反戰色彩尤為鮮亮，而且是呼籲世界和平七人委員會委員，「不改變、不許改變誓不再戰的日本國憲法第九條」的九條會召集人之一。他的活動就是到處講日本如此這般會更好，所以反對天皇制，也不妨礙他出席天皇主持的茶話會。他幻想的「吉里吉里國」有高超的醫學，而近年主張日本要做出國際貢獻，一個就是有世界最好的醫學，以致世界的醫生全都用日語寫病歷，從普京、布希到各國富豪來日本看病，他們都成了「人質」，就不能攻擊日本，於是和平。

創作四十年，井上廈文學品質超穩定，實屬罕見。以翻譯莎士比亞戲劇聞名的戲劇評論家小田島雄志稱讚：「在日本，所謂文學，一般認為是志賀直哉所代表的那樣，把多餘的語言都砍掉後剩下的東西，相反，井上是語言豐富得簡直可以說過剩的作家。啊，日本也出了莎士比亞。」

井上廈把藏書捐贈給家鄉，建立了一個「遲筆堂文庫」。那裡懸掛著他的手跡：「難的要寫淺，淺的要寫深，深的要寫得有趣，有趣要寫得認真。」因為有拖稿的怪癖，總是讓編輯或演員等米下鍋，他給自己起了遲筆堂的筆名。還曾想改用電腦，但好像終未實行。他的字很耐看，有一種童趣。

麒麟志在昆崙河

陳舜臣是東漢陳寔的後裔；陳寔，就是把竊賊叫作樑上君子的那位。祖上從河南潁川南遷福建泉州，再搬到臺灣，父輩經商，又移居日本，他出生在神戶。那裡有陳家墓地，碑上還刻著潁川。雖然日本生，日本長，幾乎從未遭受過歧視，陳舜臣卻抱有強烈的中國人意識。這種意識不僅不妨礙他成為日本小說家，而且在很大程度上，正是中國人意識格外把他成就為出類拔萃的日本小說家。或許這足以教那些老大不小才渡來日本卻拼命比日本人更日本人的中國人臉紅。

陳舜臣呱呱墮地是日本人，二十來歲時日本戰敗，臺灣光復，又變回中國人。讀大阪外國語學校（今大阪外國語大學），跟日本數一數二的歷史小說家司馬遼太郎同校，太郎學蒙古語，舜臣學印度語。本來有志於留校做學問，可是，非日本人在國立學校的前途到講師為止，當不上教授（這個潛規矩直到一九八二年才打破），只好走別的路。國籍變來變去，到底是什麼折騰了自己的命運呢？寫歷史小說《甲午戰爭》也是要探究這個問題。一九九〇年陳舜臣加入日本國籍。關於臺灣，他寫道：「也聽到有人說還是日本統治時代好些，其實並不是那樣的。那是另一回事，因為日本統治云云，怎麼說也是被外國控制。這種屈辱，朝鮮人也是有同樣感覺罷。」

作為歷史小說家，陳舜臣名震四地（日本、臺灣、韓國、大陸），而走上文壇之初，叫響的是推理小說。那是一九六一年。幫父親經商十多年，用漢文寫商業尺牘，但安能久事這種筆硯間乎，於是寫小說。任何小說都含有推理要素，從日本小說史來看，今後受歡迎的，非推理小說莫屬，這麼一想便創作了推理小說《枯草根》。上大學時英語教材是柯南·道爾，幾乎耽讀了福爾摩斯的全部探案，這應該是他與推理的宿緣。寫《枯草根》那年三十六歲（生於一九二四年）。當初曾想用筆名，叫「計三十六」——三十六計，走為上策。放棄學者夢，他曾回臺灣謀生三年，經歷這樣一件事：和幾位朋友聚議開書店，其中二人不幸被國民黨槍殺，有一人溜之大吉，吉的是後來當上了總統，李登輝是也。陳舜臣笑著回顧：假如我留在臺灣，也會被逮住殺掉，因為不善於逃之夭夭。一九六三年，還只是初出茅廬，聽說給他的稿費僅抵所謂中堅作家的三分之一，勃然變色，拒不應約，可見那敦厚可親的相貌之下有一架傲骨。在一切向錢看的當今，仍信奉作家為認可自己價值的人而寫，絕不媚俗，違心讓出版商給包裝成摩登女郎。

陳舜臣以推理小說成名，連獲三大獎（江戶川亂步獎、直木獎、日本推理作家協會獎），但實際上，不僅其推理小說取材於歷史，如《枯草根》就是以一九三〇年代民族資本主義興衰為背景，而且出道不久就接受講談社編輯的建議轉向寫中國歷史小說，一九六七年出版長篇巨著《鴉片戰爭》。名為舜臣，大概也別具魅力，寫中國的歷史令人望而生「信」。他調查史跡，搜集資料，從不假手於人。他知道同為歷史小說家的井上靖所用史料出自何處，更知道用別的史料來寫會更好。接著寫《太平天國》、《甲午戰爭》，而《桃花流水》、《山河在》寫的是中日現代史，再後來寫《十八史略》等，從時序來看好像倒著來，其實寫近代以前也是為考察歷史如何走到近代這一步。日本小說家寫中國故事大都盯住唐代以前，例如三國，恐怕也因為那時候日本還處於原始狀態，筆下只好把歷史的久遠上接到中國。陳舜臣的文學功績更在於寫中國近現代史。

《甲午戰爭》這部小說以袁世凱、李鴻章、日本的竹添進一郎、朝鮮的金玉均為中心，描寫鴉片戰爭前夜的中國近代史。陳舜臣認為甲午戰爭是中日之間不幸歷史的原點。書名直譯為「大江不流」，他在隨筆裡寫到這書名的由來：「當時中國人把對於時局的焦躁表現為「山睡江不流」，我要銘記這句話寫下去。」他說的這句話出自譚嗣同的五言律詩《夜泊》：月暈山如睡，霜寒江不流。這表明他要用淡淡而娓娓的筆致，描寫垂老的晚清怎樣被青春萌動的明治打敗，更捕捉那個時代的氣氛，寫出中國人的閉塞感。《甲午戰爭》還有個副題，照搬漢字是「小說日清戰爭」，亮出了「小說」二字就好像我們把報告綴以文學，偏重的卻是紀實，小說裡所有人物都史有其人，雖有所加工渲染，但基本上不予褒貶。誠如他自己的感覺，有關這場戰爭的資料非常多，以致小說有一點被史料拉著跑。甲午戰爭給朝鮮造成的災難更深重，陳舜臣側重描寫了中國和朝鮮的內部情況，韓國有兩三家出版社翻譯出版了《甲午戰爭》，好些韓國人這才明白那一段歷史的真相。

陳舜臣的歷史小說讀來很有趣，他說過：「歷史小說多半不就是作者依據史料的推理和虛構的混血兒嗎？也許是亂說，但我完全覺得歷史小說也包括在廣義的推理小說裡。」又說：「歷史時代要靠資料及其他來把握，而把握的方法終歸不外乎推理。」有意識地把歷史題材與推理手法結合起來，既是歷史小說，又是推理小說，具有兩種可讀性，恐怕日本小說界無有出其右者。

寫歷史小說需要正確的史觀與豐富的知識。陳舜臣也寫歷史通俗讀物，如《中國通史》，但小說是小說，史實是史實，他一向嚴加區別，不像某些學者取悅於大眾，故意把故事與史實攪在一起，蒙人賣錢。司馬遼太郎的史觀被稱作「司馬史觀」，他死後更被人張揚，陳舜臣也自有史觀，可惜日本還沒人歸納，可能這件事需要中國的研究者來做，而且更勝任也說不定。陳舜臣的《小說十八史略》開篇寫道：「人，唯其人，一貫追究人，這是自古以來中國人的史觀。」這是他給中國人總結的史觀，大概也就是他本人的基本史觀。

作為同學、同行加摯友，司馬遼太郎這樣說他：「陳舜臣這個人，存在就是個奇蹟。首先，瞭解、熱愛日本，甚至對於其缺點或過失也是用堪稱印度式慈悲的眼光來看待。而且，他對中國的熱愛有養育草木的陽光一般的溫暖。再加上略微脫離了中國近現代的現場，在神戶過日常生活，也成為產生他觀察與思考的多重性的一個要素。對中國的愛與對神戶的愛竟不乖離，合而為一，真教人驚奇。」

陳舜臣很想寫王玄策，「歷史當然由勝利者來寫，而且多是從正統的立場加以選擇。例如王玄策三度出使印度，打仗也獲勝，卻可能因為他身分過低，新舊兩唐書都沒有立傳，而且著述也幾乎都失傳了。我也有拯救這種人的心情。」後來執弟子禮的小說家田中芳樹不負厚望，創作《天竺熱風錄》為王玄策樹碑立傳，想來陳舜臣聊可釋懷。

青春夢未了，陳舜臣自學波斯文，嘗試翻譯，當年躲在防空洞裡也不釋手，二○○四年終於出版了**Omar Khayyám**的《魯拜集》。郭沫若曾漢譯《魯拜集》，說「讀者可在這些詩裡面，看出我國的李太白的面目來。」小說家陳舜臣也寫舊體詩。日本人一般是喜愛杜甫，有一種讀「私小說」似的情趣，不大接受李白那種誇張的表現，如白髮三千丈，但陳舜臣自稱是李白派。他吟有七律《古稀有感》，最後一句是

「麒麟志在昆崙河」，曾撰文解釋給日本人：老驥伏櫪，志在千里，而麒麟之志更高遠，是在那發源黃河的昆崙山，我也要像孔子一樣「絕筆於獲麟」。

陳寔的兒子們非常賢德，有「難兄難弟」之譽，更難得的是這種賢德遺傳到陳舜臣，文為德表，範為士則。日本文學當中的中國歷史小說一類由他確立，踵跡其後的有宮城谷昌光、酒見賢一、塚本青史等。田中芳樹稱頌陳舜臣是巨大的燈火，寫道：「所謂中國題材小說，現在正成了路，這是那些高舉燈火走過荒野的先人們的恩惠，而最明亮溫馨的燈火健在，令人不禁從心裡感謝。」

人革命的《德川家康》

山岡莊八起意寫小說《德川家康》是一九四六年正月。一九五〇年三月開始在北海道的晚報上連載，長達四千七百二十五回。講談社從一九五三年結集出版，一九六七年出齊，計二十六卷，印數為一千四百八十萬冊。當初銷行並不好，但一九六二年刊行第十八卷、十九卷驀地暢銷，連續三年高居出版排行榜前六位之內（多卷合計）。那時出版業慣行的「檢印」尚未廢止，需要在每冊書的版權頁貼上一枚小郵票似的「檢印紙」，上面蓋有著作權人的印章，既作為防偽標誌，又核定印數，據此算「印稅」（版稅），於是，全家快樂總動員，起早貪晚往上貼。版稅上億，文壇納稅榜獨佔鰲頭，但六千萬日元以上部分百分之七十五交國家，百分之十四交區政府，百分之四交東京都，不由地恨道：山岡莊八掙錢，藤野莊藏納稅。

原來他本姓山內，名莊藏，倒插門入贅改姓藤野。生於一九〇七年，讀了幾年書，十四歲離鄉進東京。做過揀字工，辦印刷廠、裝訂廠接連受挫。轉戰出版行，先是當編輯，創刊並主宰《大眾俱樂部》，儘管作家皆一時之選，刊物卻乏人光顧，兩年後收攤。從此專事寫小說，筆名叫山岡莊八。戰爭期間被派赴海軍基地，大寫從軍記鼓舞士氣，獲得講談社文藝獎勵賞，以致戰後一度被美國佔領軍列入開除公職的名單。他在《德川家康》第一卷後記中寫道：「第二次世界大戰結束時，歷史這東西並沒有用奇異的強度抓住我，鞭打我。大約有一年左右，我丟下賴以糊口的筆，整天眺望生來第一次迎來的佔領軍情形啦對策啦演變的風俗啦。……經常到海邊垂釣，呆然度日，那時，突然浮現在我頭腦裡的是，戰爭結束了，但『和平』還絲毫沒出現在地上。這是極為普通卻嚴酷的事實。……我思考：人類不過是依然在具備不打仗就沒完的所有條件的戰國世界中，聲嘶力竭地尋求畫餅似的和平。這麼想來，重新眺望支配我們的文明，凝視被佔領下日復一日的現象，心裡有一種無法排遣的焦慮撞擊。我丟下釣竿，伏案與自己苦悶地空轉的絕望相對。」

日本雖戰敗，卻有幸只是被美國佔領，而美國又馬上在朝鮮半島打仗，使日本得以百廢俱興。到了一九六〇年代，「社長」（老闆）滿街走，捧讀從美國舶來的經營學，畢竟不易與現實相結合。那時正好有一股日本歷史熱，特別是小公司老闆，便盯上這本小說，把德川家康的預見、決斷、分析、忍耐諸能力運用於前途難卜的商戰更可親，更生動。如果說山岡莊八用小說隨心所欲地改變了德川家康的歷史形象，那麼，讀者自以為是的讀法又改變了德川家康的小說形象。媒體炒作，講談社見好就上，給大大小小的企業老闆寄廣告，狂飆銷路。老闆讀，普通員工也跟著讀，就像讀《孫子兵法》一般。把《德川家康》讀成經營指南，其實有違了莊八的初衷，雖然他最終也不曾感歎自己播下的是龍種，卻收穫了跳蚤。

此書暢銷還另有一個時代背景。一九六〇年岸信介政權垮臺，池田勇人當上總理，用國民收入翻一番的經濟計畫造勢，並提倡寬容與忍耐，以避免政治論爭。他和松下幸之助對談，說「豐衣足食是為了造就優秀的人的一個方便，造人、建國才是政治目標」。所以，《德川家康》在精神建設上也成了一大好書，連無意於經營的人、向來不愛看打打殺殺的年輕女性也追捧，讀德川家康的處世哲學。山岡莊八向來自覺為體制說話，熱心用小說載道，著書立說之外還積極在社會上拋頭露面，其一是參與組建「日本守衛會」，繼任為會長（總裁為總理），大力開展「總和諧運動」。可想而知，《德川家康》歪打正著迎合了時潮才是他最感欣慰的。

山岡莊八非常愛說教，唯恐讀者不明白他的寫作意圖，良苦用心，曾言之再三，這樣表明過「小說背後的心裡話」：

「為締造一個沒有戰爭的世界，首先文明必須被改變；要改變文明，就必須產生可當作脊樑的哲學。用新的哲學完成人革命，被革了命的人改變社會、政治、經濟之時，原子科學才會變為『和平』的下一代人類的文化財富——作者這麼夢想，寄託於『德川家康』，奮然描寫人革命的可能性的限界」。

他要寫「偉大的（？）警告性故事：人本身不革命，人類將毀滅」。（引文中的

問號為原文所有）

這裡說的人革命，日文是寫作「人間革命」，若照搬過來，「人間」一詞可能被誤解。據《廣詞苑》解釋，「人間」的含意之一是作為社會性存在的人。譬如日本說「人間蒸發」，就是人不知去向了，照搬固然不對，而譯作「從人間蒸發」也只是自作聰明。戰敗之後，莊八認識到天皇的偉大，沒有他就沒有天下和平，這位昭和天皇發表詔書說自己是人，不是神，被叫作「人間宣言」。雙管齊下，莊八寫《德川家康》的同時還寫了《織田信長》、《豐臣秀吉》等長篇小說，以武家政權統治天下的織田信長被他描寫成保皇志士。

說到人革命，這正是日本最大的宗教團體創價學會的思想與行動的大旗。何謂人革命？創辦羅馬俱樂部的佩切伊問池田大作。「我迄今提倡人性革命，並付諸行動，但現在我認為，若深究下去，最終歸結於人革命。這兩者是什麼關係呢？」池田回答：「人性革命的大前提是變革形成人性的生命。生命的根源性變革，我們稱之為人革命。對於人性革命來說，人革命是不可或缺的。」佩切伊說：「原來如此，我以後也要搞人革命。」

池田大作是創價學會的名譽會長。中華民族文化促進會主席高占祥盛讚：世界著名的思想家、和平活動家、作家、桂冠詩人、中國人民的老朋友池田先生擁有無與倫比的精神力量。（見日本報紙）世界二百四十二所大學、研究機構授予他名譽稱號。在中國，一九八四年北京大學率先，陸續向他頒贈八十多個名譽稱號。二〇〇一年北京大學成立池田大作研究會，繼之有二十多個大學設置專門機構，研究池田大作的思想，也就是人革命的思想。二〇〇八年五月池田大作在創價學會例行講話，引用《德川家康》中的名言指導會員，如「當此亂世，要率領一個國家的人必須鍛鍊出相應的強大，那種強大就會是領導力量」；「不滿在一切場合都是停滯的原因，分裂的原因」。池田出版過長篇小說《人革命》，現在正撰寫《新．人革命》，已連載三千九百九十五回，超過《德川家康》也指日可待。

日本的歷史故事好些是中國古已有之，但是讀日本的，或許由於它是在四海之外，而且被譯成現代文，讀來就幾乎沒有了歷史之隔。有人說中國落後日本二十年，不知所據何在，但若從社會來看，日本的毒奶粉事件和大獨特讀《德川家康》都發生在四、五十年前。

谷崎潤一郎和女人以及文學

說到谷崎潤一郎，最有趣的就是他出讓老婆，堪為人類協議離婚的典範，並且是日本近現代文壇的一個事件。來龍去脈是這樣的：

谷崎生於一八八六年，東京人，年屆而立，在文學上早已立業，這時和小他十歲的藝妓石川千代子結婚成家。千代子的姐姐初子也當過藝妓，是谷崎的情人。谷崎轉年在隨筆中寫道：跟現在的妻不是因愛戀而結婚。他是色情受虐狂，喜歡壞女人，而千代子低眉順目。多次寫殺妻的主題，就是要表達對現實生活中的千代子的厭惡罷。佐藤春夫曾目睹他用手杖打千代子，對千代子由同情進尺為愛情。谷崎瞞過似乎有一點愚鈍的千代子，誘惑她妹妹聖子。這妹子十六歲，肉體正介於男女之間，而且屬於妖婦類，谷崎的名作《癡人之愛》以她為原型。谷崎打算娶聖子，跟佐藤半開玩笑，出讓千代子。哪曾想聖子不要跟谷崎結婚，她愛上男演員，而把她送上銀幕的卻正是谷崎。若這般雞飛蛋打，留給谷崎的就只能是孤獨，於是他反悔，佐藤與之絕交。此事被稱作小田原事件，發生於一九二一年，谷崎居家小田原。雖然不屬於得勢的自然主義流派，但二人也都把此事照實寫出來，谷崎寫的叫《神與人之間》。

一九二三年谷崎在行駛箱根山間的巴士上遭遇關東大地震，他本來愛搬來搬去，就此舉家遷移關西。寫作也多變，在仍然聞得到王朝文化氣息的關西之地轉而向歷史取材，文體又變得古色古香。文藝評論家小谷野敦說：「他國怎樣不知道，但是在日本，不限於私小說作家，素材盡了就開始寫歷史小說的作家有好多。三田誠廣是這樣，連谷崎中年以後也寫了取材於歷史的《盲目物語》、《少將滋幹之母》等，因為實際人生完全不起波瀾以供寫小說。」他出版過《谷崎潤一郎傳》，卻好像忘了谷崎寫歷史題材那些年結婚離婚，人生真所謂波瀾萬丈。《癡人之愛》（一九二六年）是谷崎文學前期集大成，而《吉野葛》（一九三一年）是谷崎文學的「第二出發點」，此後接連推出了《盲目物語》、《武州公秘話》、《春琴抄》、《聞書抄》等古典主義名作，構成他文學生涯最豐饒的一個時期，一九三七年至三九年專心把《源氏物語》譯成現代日語，則是他回歸古典的極致。

關於歷史小說，谷崎的看法是：在日本，文學與歷史的關係自古極密切，但現在大部分寫現代，把寫歷史趕到了所謂大眾文學的範疇。「我並非主張把寫歷史作為文學的正統，但作家、評論家都全然不注意，只描寫日常身邊瑣事、就此議論紛紛的文壇實在是限界狹小，一條腿走路。當然要正視現代的文學，而再現過去的文學也絕不可忽視。」

《盲目物語》、《武州公秘話》、《聞書抄》等都是以戰國時代為素材，為什麼看中這個時代呢？《亂菊物語》的導言寫道：「作者著眼於這個時代不是為發掘世上不顯露的史實或人物，而是因為對於作者來說，有自由空想的餘地。隨心所欲地解釋誰都知道的事情，或者改寫，對古人對今人都覺得可恥，所以在這種拘束比較少的舞臺上放開手腳寫。」

大正天皇崩，一九二六年十二月二十五日改元昭和，元年只存在六天。這一年佐藤春夫也戀上妻子的表妹，豁然理解了谷崎的心情，兄弟們彼此彼此，握手言和。佐藤寫了一篇《潤一郎，人及藝術》，為評價谷崎定下基調。他認為谷崎「無思想」，但谷崎不信奉自殺的美學，一輩子活得很來勁兒，哪怕躺在墳墓裡也歡快地叫喊。對自然主義文學不以為然，也不大與文壇交往，戰爭期間大概是最不與軍政府合作的作家。一生執筆不輟，文思從不曾衰竭。

一九三〇年谷崎、佐藤、千代子三人聯名，石板印刷了一紙文告，周知各處：谷崎與千代子離婚，佐藤跟千代子結婚。各報當作八卦新聞競相報導。這個讓妻事件被他寫成了小說《食蓼蟲》。正宗白鳥說：「《食蓼蟲》、《盲目物語》等幾個物語風格的作品即使只其中一個兩個也足以與平安朝的物語文學為伍，岸然立足文學史。」

谷崎不僅跟聖子偷情，還別戀著沒什麼文化的女僕絹枝，一度打算離婚後娶她。一九三一年再婚，女方是小他二十一歲的古川丁未子，發表《吉野葛》，接著是《盲目物語》，而後開始在《新青年》上連載《武州公秘話》。兩三年前為作品裡運用大阪話結識丁未子，後來介紹她當記者。《武州公秘話》卷之六寫道：「他與松雪院夫人的新婚生活，不出兩三個月便有了問題，他把十五歲的年輕新娘，依自己喜好的樣子去打造，結果卻徹底失敗，他的心，再度飛向牡鹿山情人那邊，甚至比以前更熱烈地想念。」這新娘就是丁未子，而熱烈想念的牡鹿山情人是根津松子。

谷崎是一九二六年邂逅松子的。那年他和芥川龍之介發生論爭，這是谷崎平生最大的一場論爭，以芥川自殺收場；他是在谷崎四十一歲生日那天自殺的。論爭歸論爭，照舊是好友，看完戲，吃過飯，一女人求見，她就是松子，原來是芥川的粉絲。谷崎跟松子大跳其舞，芥川作壁上觀。跳舞是以前住橫濱時跟西洋人交際的成果，那時的作品也帶有西洋趣味，但運動神經不發達，舞步笨拙。他們論爭什麼呢？芥川提倡「沒有像故事的故事的小說」，也就是最近乎詩的小說，而谷崎針鋒相對，以《大菩薩嶺》、司湯達的小說為例，主張小說需要有情節。為實踐這一主張，特意把「變態性欲小說」《武州公秘話》發表於並非純文學雜誌的《新青年》。被稱作「天下第一奇書」，既為奇書，故事自然是虛構。武州公身高五尺二寸，這跟谷崎一樣，也是寫自己。武州公當人質時看見幾個女人用熱水洗敵人的首級，其中一個十六、七，給首級洗髮，束紮，不時無意識地盯著微笑，臉上浮現天真的殘酷，他覺得她美極了，甚至自己也想當一顆那樣的首級。這種受虐狂的快感，在當時作為一種新趣向被文壇及讀者接受，如今也讓人覺得很新奇好玩罷。

谷崎早已和松子私通，卻是跟丁未子結婚，障礙或許是松子有一雙兒女。他給松子寫信：「尤其這四、五年來，託妳的福，覺得打開了自己的藝術瓶頸似的，我沒有崇拜的高貴女性就不能從心所欲地創作。」「其實，去年寫《盲目物語》等也始終把妳放在心上，自己就當那按摩的盲人。今後託妳的福，我的藝術境界一定會豐富。即便不在一起，但只要一想到妳，就湧起無限創作力。」

《盲目物語》用盲人講述的形式描寫織田信長的妹妹阿市的悲劇一生，歷史故事與現實女人結合在一起。盲人為高貴的阿市按摩，用手指感覺其容姿。谷崎自道，松子是阿市，盲目按摩人就是他本人。兩年後跟丁未子分居，和松子同棲，開始寫《春琴抄》，五月離婚，這個谷崎文學的巔峰之作完成。川端康成評：「如此名作，惟歎息而已，無話可說。」正宗白鳥評：「雖聖人出，亦不能插一語。」

一九三五年初谷崎與松子結婚，她帶著妹妹和孩子。開始在報紙上連載《聞書抄》，副題是《第二盲目物語》，像《春琴抄》一樣用自由自在的講述形式。連載小說須日日伏案，谷崎終於受不了，中斷歇氣。而且在家裡寫不下去，必須換地方，把參考書籍帶了去，多得讓站務員大驚。

谷崎總結兩度結婚失敗的原因：「藝術家是不斷夢見自己憧憬的、比自己遙遙在上的女性的，可是大多女性一當了老婆，就剝下金箔，變成比丈夫差的凡庸女人，所以不知不覺又另外追求新的女性。」

不過，女人這盞明燈很費油。處理和聖子的關係曾破費一大筆錢，以致讓谷崎咒罵自己「可恥的弱點」。《春琴抄》每次寄出十幾張原稿都催付稿費，恐怕也是為負擔丁未子分居的生活費用。離婚後丁未子說：自己心臟有問題，可能活不了三年，但願潤一郎能給她三年錢。《貓和莊造和兩個女人》（一九三五年）的模特是丁未子。

松子懷孕了，谷崎寫道：「一想到她成了我孩子的母親，就覺得她周圍搖曳的詩和夢就消失淨盡」；「那樣的話，也許像以往一樣的藝術之家崩潰，我的創作熱情衰退，我什麼也寫不出來了。」松子彷佛是文學女神，但有人說，這是松子在谷崎死後製造的一個神話。她墮了胎。一切都是以文學的名義，藝術第一，當我們欣賞谷崎文學時也應該感謝他身邊那些為藝術做出了犧牲的人。不過，從谷崎寫給中央公論社長島中雄作的上百封信來看，驅趕他創作的更像是還債。

《武州公秘話》為錢而作。他不是書出了之後拿版稅，而是還沒出書就預支，信中寫道：《盲目物語》「反映作者的國史趣味乃至和文趣味」，而《武州公秘話》是他「近來最有自信的東西，通俗有趣，這一點和《盲目物語》不同，堅信必定相當有銷路。相信哪裡把它簽約出版，都會借給我初版版稅的一半」。倘若書賣不出去，預支的版稅就必須退還，但好似蛇吞下青蛙，哪裡吐得出來呢。

谷崎出生在東京的日本橋一帶，是所謂江戶子。江戶子沒有隔夜錢，改造社長山本實彥說谷崎正是個標本。谷崎在《我的貧乏物語》中記述，每月需要一千元，以一張原稿十元計，每月需要寫一百張稿紙。但二百張稿紙的《盲目物語》寫了四個月，將近一百張稿紙的《春琴抄》寫了三個月，所以他窮困的重大原因之一是寫得慢。他也闊過，那是一九二六年末，因關東大地震而瀕臨破產的改造社孤注一擲，出版《現代日本文學全集》，一圓一冊，交錢預訂，大獲成功，在出版史上掀起一場聲勢浩大的全集熱，文學大普及，大大的鼓起作家的腰包。谷崎家每晚一本本給書蓋印，劈劈啪啪，鄰居以為這家是開什麼鋪子的。一九二八年用版稅置地，親自設計建豪宅，過上這輩子最奢華的日子，結果債臺高築，不過四年把土地房屋易主，甚至典當衣物。寫信道：「當前，每月寫隨筆，直到還上那筆債」，便寫了《懶惰之說》，想來債主讀了也忍俊不禁，但他沒做到月月寫。東忙西忙，屢屢違約，一些作品也寫得虎頭蛇尾。

畢竟是江戶子，谷崎從不為錢犯愁，處之泰然，說：「雖然貧困，幸而我目下創作力充實，今後一、二年要寫的東西山積。」倘若他日子過得滋潤，或許寫不出這麼多作品。接受島中雄作的建議把《源氏物語》譯成現代語，苦鬥四年，首印多達十七、八萬冊，一舉脫貧，此後要動腦筋的是如何節稅了。

川端康成評說：「從明治至今的文學興隆之中，谷崎是最豪華、成熟的一大朵，百花之王牡丹花。」

永井荷風的江戶、法國以及中國

永井荷風卒於一九五九年，迄今（二〇〇九年）整整過去了半個世紀。他是東京人，生於一八七九年，比周作人年長六歲，屬於同世代。周作人留學日本是一九〇六年，荷風已出版了兩本小說《野心》和《地獄之花》，「要無所顧忌地活寫伴隨祖先遺傳與境遇的暗黑的幾多欲望、暴力、凶行等事實」，被視為「自然主義作風的先驅者之一」。我最初從周作人的隨筆中讀到永井荷風，而且跟他一樣，喜愛的是荷風隨筆。當周作人隨筆重見天日而風行乃至風乾的時候，荷風差不多已經被他的同胞們遺忘——據說日本是一個好遺忘的民族。荷風死後，小說家石川淳寫了一篇《敗荷落日》，貶斥他「掉了牙就那麼豁著，精神是僵化的」，但荷風文學除了文學史價值，還具有記錄了歷史的價值，因而近年來勃興江戶時代熱，他的隨筆又時常被提及。倘若對東京發思古之幽情，那就幾乎非引用他的《東京散策記》不可了。

周作人曾忽然覺得好有一比，谷崎潤一郎有如郭沫若，永井荷風彷彿郁達夫，雖然那只是印象上的近似。荷風晚年在千葉縣市川市度過，而郭沫若流亡日本十餘年，也一直住那裡，故居如今是他的紀念館，但挪到了別處的公園裡。荷風榮獲內閣總理大臣頒發的文化勳章，又與川端康成同年被選為日本藝術院會員，勳績卓絕，似乎市川政府對他的紀念卻不過是圖書館裡有一架子他和研究他的作品，偏巧我僑居的地方距之不遠，時而也站在架前翻閱。若鑒賞荷風作品初版本及手稿，那得去跟他本人毫無關係的埼玉文學館，原來有一位舊書店老闆是埼玉人，把長年收集的荷風資料都捐給它。舊書市場上荷風的舊版本是高價商品，這表明他身後有一小撮鐵杆粉絲，不曾被風化。

永井荷風的父親曾留學美國，是明治政府的官僚，同時以漢詩名世。永井家生活是洋式的，荷風從小吃西餐，一副西洋人打扮。所以，他去美國、法國頗有點馬蹄輕輕，不會像夏目漱石那樣在英國滿懷劣等感，鬱悶。荷風十九歲時考學落榜，隨父赴任到上海，回國後旋即入學東京外國語學校「清語科」。兩年後因為曠課太多被開除，從此耽於吹拉彈唱，還學說「落語」（單口相聲），並染指寫作。父親要管教這個不務正業的長子，讓他去美國學英語與實業。一九〇三年十月渡過太平洋，來到美國。明治年間日本人出洋，夏目漱石、森鷗外一代是官費，肩負著國家的期待，而荷風比他們晚一代，奉父命，用家財，完全是私費私事，但是從目的來說，整個明治時代唯有永井荷風為了當文學家而出洋。而且，如評論家中村光夫所言，「恐怕再沒有哪位作家像他那樣傾注才能與熱情，把法國文學感化變作自己的血肉，巧妙把那裡形成的孤獨的文學理念跟日本傳統相結合」。

當時日本熱衷於文明開化，富國強兵，與英美德相比，不怎麼拿法國當範本，因為它可以傲人的是藝術，況且剛剛在普法戰爭中吃了敗仗。明治維新以降，人們以物質為重，文學藝術成為金錢的跟屁蟲，但荷風憧憬法國，在他心目中法國幾乎是藝術的代名詞。《法蘭西物語》的一些句子今天讀來似不免肉麻，有如那個時代我們的郭沫若詩句，然而那肉麻般的憧憬也正是對時潮的抗拒。

父親在外面儼然一英國紳士，在家中卻是東方暴君，第一個招荷風反感。到了美國，他就鞭長莫及，荷風用心學的居然是回國後沒有用處的法語。出國之前，他「覺得左拉對舊文藝的那種堂堂的反抗態度非常適合自己的性情，一本又一本，幾乎通讀了左拉」。這是他最初的自我覺醒，那時的作品「全都是左拉的模仿，認為實際觀察人生的陰暗面，寫作其報告書，乃是小說的中心要素」。後來又發現莫泊桑，「起初有心學法語，嗚呼，莫泊桑先生啊，就因為想不靠英語，直接從原文品味先生的文章」。甚而想絕望時枕著莫泊桑的著書仰毒而死。讀左拉讀的是英譯，由英譯接觸到法國文學，並傾倒一生，對英美文學卻始終反感。身在美國，心向法國，四年後終於如願，前往法國時自信法語比英語好得多。

荷風從美國生活中領會了以個人自由與獨立為基調的市民精神之本質，而初到海外，對自己的同類也較為關注，雖然他討厭人，一貫說日本人壞話。他給友人寫信，說「僑居此地的日本人社會情況實在是悲慘至極。人這東西竟然能為了所謂成功，自己把悲慘的命運弄到這個地步，思之不由地厭世」。當時美國有幾十萬日本移民，幾乎都來自農村，荷風走進他們中間，傾聽他們的苦難，寫成了《美利堅物語》，佐藤春夫讚之為日本新文學時代起始的路標。

船抵達勒阿弗爾港，荷風頓時想起法國文學，想起莫泊桑描述的景色，這是他早已熟知的。美國的天空再晴朗也不會這麼藍，情感一下子就融入法國。他從小喜好逛街，在里昂、巴黎逗留兩年，漫步在暗澹的不知通向哪裡的胡同，不知不覺也有了波特萊爾為詩而煩惱的心情。但是跟波特萊爾不同，《法蘭西物語》訴說的不是與群眾在一起的興奮，而是脫離群眾的孤獨、寂寞。「法蘭西的自然所帶來的悲哀中含有難以言表的美，人與其由那種悲哀想什麼、悟什麼，不如直接沉醉於所謂悲哀的那種美，心醉神迷。」他只是一個觀察者，只要用孤獨與悲哀來充實自己的心。莫非因為書中清晰出現了一個利己主義者的享樂身影，繼《美利堅物語》之後印行的《法蘭西物語》竟遭禁，以致初版現今只有十幾本存世。除了這兩本書，荷風文學的主要作品都是寫花街柳巷，彷彿游離於時代之外。

留洋歸來，永井荷風對浮世繪等江戶藝術發生興趣，彷彿從思想上回歸東方，其實不是的。他在法國體會到尊重古典的精神，珍惜舊東西，觀念上轉向古典主義。

在他看來，日本的古典即江戶。他把江戶三百年的傳統美與法國十七世紀以後的所謂古典美聯繫起來，其間有一個媒介，那就是中國近世文學。荷風承受法國及其文學的根底是自幼鑄就的日本從中國移植的文人情趣，即便受過儒教的嚴格訓練，這種情趣也近乎頹廢。譬如對女性的態度，荷風是一種文人式的賞玩，所以雖深愛法國，卻終不能接受法國文學中充溢的戀愛觀。荷風的漢文學造詣，據中國文學研究家吉川幸次郎評價，夏目漱石之後，文士中堪為第一。他以漢詩文為功底，文體看似白話，骨子裡卻是文言。他幼學香奩體，後獨鐘晚明詩人王次回。法國文學與中國近世文學的交叉點在哪裡呢？他說得很明白：

「一度翻閱王次回的《疑雨集》，全四卷儘是情癡、悔恨、追憶、憔悴、憂傷的文字。其形式之端麗，辭句之幽婉，而感情之病態，往往有對於波特萊爾的詩之感。我不知中國詩集中有像這《疑雨集》一樣的，其內容是肉體性的東西，可以把波特萊爾在《惡之花》中橫溢的倦怠衰弱的美感直接拿過來作為《疑雨集》的特徵。」

偽善與惡俗似乎是社會進步的影子，荷風認為明治維新以來的日本整個是偽善與惡俗，對它採取不予理睬的態度。他生在東京，是所謂江戶子，甚而在他看來江戶子以外的日本人就不是日本人。谷崎潤一郎的小說《細雪》以京都、大阪那一帶為背景，他讚賞之餘，卻說「有如讀鄧南遮的小說懸想義大利風物」。他厭惡現代化的東京，厭惡它充滿欺騙性，有如模仿西洋的建築所象徵的。他喜愛的日本是十八世紀的日本，那是法國人欣賞的日本，在文化的爛熟以及頹廢上與王次回所體現的中國文化渾然一體。對於他來說，黃金時代在過去，他要尋訪已失去的黃金時代的痕跡，滿懷鄉愁。

荷風為人孤癖，一生我行我素，家裡有人就不能安生執筆，所以戰後住在市川市，卻借用相鄰船橋市的友人別宅寫作。說來日本人好像有一種上班族天性，作家都不愛在家裡伏案勞形，而是另外找個地方當工作室，每天出勤去創作。荷風對吃喝不感興趣，滯在巴黎八個月，《法蘭西物語》幾乎沒寫到美食。他死前常去附近一家叫大黑家的餐館用餐，一壺熱酒，一碟鹹菜，一碗蓋澆飯，那個餐館就把它叫作荷風套餐，以為招徠。我特意去吃過，不禁感歎：嗚呼，荷風先生啊，何苦丟下了那麼一大筆遺產。

夢二美人

話說孝明天皇病故（一說被毒殺），次子繼位，翌年改元明治。從此日本以東京為首都，歷經明治、大正、昭和、平成四朝，眼下是平成二十二年。其間大正朝不足十五年（一九一二—一九二六），為時雖短，但民主主義、自由主義在政治、社會、文化各方面勃興，雲蒸霞蔚，以致有「大正浪漫」之稱。據說浪漫這二字是文豪夏目漱石最先用來翻譯法語romance的。大正年代出現上班族、職業婦女之類新名詞，街上跑起了的士（計程車），無線廣播也趕在大正末啟動，衣食住行西洋化，幾乎可以說日本現代形成於大正。如果給大正浪漫貼一個浪漫的時代標籤，那無疑是竹久夢二的仕女圖。

夢二畫的美人被稱作「夢二式美人」，大正年間出道的詩人大木惇夫用文字這樣記述：「夢二畫的年輕女性一律是帶有憂愁的臉上眼睛又大又圓，睫毛長長的，愛夢想，病怏怏的身姿七扭八歪，眼看要折斷，有一種說不出來的脆弱美。」無論展覽還是書本，特別是《立田姬》，每臨觀賞都油然要吟出中國古詩對女人的描寫，扶起嬌無力什麼的。立田姬是司秋女神，夢二自許此畫為「一輩子總括的密斯日本」。

夢二畫日本畫以及油彩、水彩、鉛筆、木版等，不拘一格，自報職業是畫畫的。

作文也不拘一格，詩、歌、隨筆，還給報紙寫連載小說。並且畫插圖，搞圖書裝幀。綜合型藝術家在大正時代雖不算鳳毛麟角，但是像夢二這般多才多藝，藝與文融為一體，也屬於獨一無二。所作小詩《宵待草》被人譜曲，流行於當時，傳唱至今。他寫道：「我想當詩人，可是我的詩稿不能當麵包。有一次我試試用畫的形式代替文字來畫詩，竟意外被雜誌發表，我膽怯的心驚喜。」這便開創了所謂抒情畫。畫家本色是詩人，畫中有詩，文學家川端康成說：「夢二抒發一個時代的感情，寄命運於獨具個性的愛好，是日本旅愁、哀感的一個表現。」

夢二的畫淵源於江戶時代浮世繪，但具有鮮明的時代性。一九〇九年出版第一本畫集《春之卷》，風行於世，名叫畫集，其實是詩配畫，圖文並茂，正類似浮世繪師葛飾北齋畫過很多的狂歌繪本。浮世繪以仕女圖為大宗。詩人萩原朔太郎說：「夢二是明治的歌麻呂，是用畫來寫抒情詩的新古人元祖。」作為藝術家，夢二像浮世繪師喜多川歌麻呂一樣，像畢卡索一樣，偏執地愛女人，執著地畫女人。傳統日本畫注重黑髮，例如《源氏物語繪卷》，黑髮被誇張表現，面孔則「引目鈎鼻」，簡直是敷衍了事。十八世紀後半浮世繪由鈴木春信、喜多川歌麻呂和鳥居清長創作出理想的美人類型，歌麻呂把眉眼畫得細細的，欲睜還闔。《黑船屋》是夢二的名作，黑髮與黑貓連為一體，佔據畫面中心，襯托蒼白的面容。眼睛呆然凝視，雖低眉含憂，卻也大大地睜開。手大得超常，好似老式照相機的透視效果，或是對春信美人手足小得有一股子妖氣的反動。身形也不像清長那樣亭亭玉立，而是成S形，婀娜多姿。浮世繪美人畫以和服的斑斕色彩取勝，夢二美人多是穿浴衣，透過浴衣的輕薄展現形體和肌膚。

《黑船屋》抄襲荷蘭人法國籍畫家東根（一八七七—一九六八）的構圖，但美人的面孔及姿態來自現實，有川端康成眼見為證。川端走訪夢二家，夢二不在，看見了女人。有三個女人在夢二的人生與藝術中扮演了重要角色，甚至論夢二藝術，有人就按這三個女人來劃分階段。川端見到的是阿葉，天哪，他寫道：「女人坐在鏡前，那姿態完全跟夢二的畫一模一樣，所以我懷疑自己的眼睛了。一會兒站起來，抓著門口的紙拉門送客，那舉止，一舉手一投足，就是從夢二的畫中走出來的，我驚訝得說不出話來。」

夢二式美人的眼睛超出通常對日本人的印象或成見，卻並非崇洋媚外，把一雙西洋大眼硬安在扁平的日本顏面上，夢二是寫實的。他從神戶來到東京，為報刊畫插圖，在美術明信片商店遇見女主人阿玉（原名用漢字寫作「他萬喜」），她是美術教師的遺孀。夢二求婚如願。當時的報紙報導：青年畫家竹久夢二娶了一位大眼睛特別美的人，她近來畫的婦人眼睛特別大，不知是不是以這位夫人為模特的原故。

兩年後離婚，夢二在《春之卷》上題詞：「將這個集子送給已分離的那雙眼睛的人」。

不過，驚訝之餘，川端對這種寫實不以為然：夢二「完全照女人的身體描繪自己的畫，這是藝術的勝利罷，卻也讓人覺得像是某種失敗」。川端小時候本來想要當畫家，後來又改為作家，當他十歲時夢二出版《春之卷》。二十多歲訪夢二，是被夢二的弟子拉去的，也許還帶著少年時代有過的夢。夢二畫得那麼甜美，正是這種甜美使川端「無法想像老了的夢二」什麼樣。他不無刻薄地寫道：

「竹久夢二在榛名湖畔建別墅，那個夏天就來了伊香保溫泉。就前些日子，古賀春江頭七的晚上，還從品評現今女性和孩子喜歡的插圖畫家談到了往事，緬懷夢二的話語帶著熱，正如席間一個叫栗原信的畫家也說的那樣，從明治到大正初的風俗畫家——要不，就作為情趣畫家，反正不得了。不光少女，也感染了青少年乃至上歲數男人的心，風靡一世，這一點大概近來的插圖畫家遠遠不及。夢二畫的畫肯定也隨著夢二逐年變遷了，但少年時的夢只繫著夢二的我無法想像老了的夢二，所以在伊香保初次見到的他是意想不到的模樣。本來夢二可說是頹敗的畫家，那種頹敗早衰了身心的模樣令人不忍目睹。頹敗好像是通神的反路，其實反倒是近路。假如我親眼看見了頹敗早衰的大藝術家恐怕更感傷不已。這在小說家中少見，日本作家中幾乎沒有。夢二則始終是甜美的，給人一種拐彎抹角的印象，即如今夢二以身講述自己走過來的繪畫之路並非正題。大概作為藝術家是無法補救的不幸，但作為人或許是幸福。」

這是川端康成有名的隨筆《臨終之眼》開篇，此文為悼念古賀春江而作，首尾呼應地寫到竹久夢二，並非夢二論，醉翁之意，是拿他作反襯與比較，肯定並推崇古賀的美術之路是「正題」，即正規的畫壇美術。起初夢二曾想入校學畫，但一位美術教授認為學校教育會毀掉他的天分，予以勸阻。常有人替夢二抱屈，說因為他不是科班出身，所以被畫壇排斥在外。其實，夢二走自己的路，而且「幾十年如一日的畫道也是不惑罷」（川端語），跟象牙塔的畫壇（美術界）根本是兩回事。華宵也是畫美人畫，幾與夢二齊名，他倒是科班出身，但同樣被畫壇無視。夢二的《黑船屋》以阿葉為模特，西洋畫畫家藤島武二也曾以阿葉為模特創作了油畫《芳蕙》，兩相比較，夢二的仕女圖屬於大眾美術一目了然。他不藉助於畫壇展覽，而是通過出版抓住大眾的心，正如中國的日本評論家劉檸所言，夢二是大眾傳媒的寵兒。夢二藝術敗走於畫壇，取勝於媒體。第一次舉辦畫展，門庭若市，附近同時有美術界權威畫展舉行，門可羅雀，這就是川端所說的「夢二的畫影響世上的力量不得了」，但接著一轉，說「折磨畫家自身也非同尋常」，竟至他在伊香保溫泉邂逅夢二，大失所望，彷彿看見一隻老母雞。甚至說：「若把夢二年輕時的畫比作『漂泊的少女』，那麼，如今他的畫也許是『沒有棲身之處的老人』。」

夢二的甜美，那種川端所說的「毀滅了夢二，又拯救著夢二」的甜美也來自藤島武二的浪漫畫風。由於景仰武二，夢二給自己起了這麼個筆名。明治到大正是印刷媒體大發展的時代，藤島也常畫封面、插圖，例如歌人與謝野晶子的歌集《亂髮》，夢二正是把他的浪漫性和裝飾性發揮到極致。夢二開辦手工藝品商店「港屋」，表明其作品的世俗性、日常性，用他的情操過濾世俗所好，提高人們的日常情趣。「日本畫」這一概念是在大正時期明確的，以抗衡西洋畫，而夢二博采兼收，作品中幾乎沒有東西方對立，但歸根屬於日本畫系統，是獨具個性的文人畫。

古賀春江和夢二都曾在太平洋繪畫研究所習畫，但他是西洋畫畫家，也愛給自作題詩，川端「相信古賀遺詩為世所愛之日遲早會到來」。他也想自殺好像有好多年，但還是病死了。川端說：「面對古賀的畫，我首先感到某種遙遠的憧憬，和朦朧空虛的擴張。是超越了虛無的肯定，所以它通聯童心。童話似的畫很多，不單是童話，是童心的驚異而鮮麗的夢，非常佛法。」平心而論，這番話拿來說夢二也恰到好處。

川端看見夢二應該是一九三〇年，夢二正建設藝術家村「榛名山美術研究所」，籌畫放洋，以償半生的夙願，春風得意，不該那麼衰。美國個展失敗，遊歐也無所收穫，徒然耗損了健康，一九三三年九月歸國，正是這時候川端寫《臨終之眼》（文中有「後天是古賀春江的四七」之語，他卒於一九三三年九月十日）。莫非三年前就預見夢二鎩羽而歸、意中不無鬱鬱的模樣嗎？寫這篇隨筆前後，川端的小說裡彌漫虛無，活著是徒勞。人生經歷給了他一雙「臨終之眼」，或許古賀的英年早逝使這雙法眼有些朦朧，以致三年前見過的面貌被反映成一副衰樣，對夢二的看法也游移不定。真是烏鴉嘴，此文發表後不到一年，夢二就病逝了（一八八四—一九三四）。

夢二是幸福的。雖然在川端眼裡，他「白髮已很多，肉也鬆懈，很顯得頹敗早衰」，卻還是「和女學生們相偕去高原採摘花草什麼的，快樂遊玩」，這樣的人生足以令川端豔羨，因為他本來有少女癖。川端小說如《伊豆舞女》、《雪國》、《千隻鶴》、《睡美人》，以十六歲為原點的美少女非常多，而且在夢二病逝三年後寫起了夢二式少女小說。「削瘦，膚色淺黑，但頭髮濃密，眼睛大大的」，這不就是夢二筆下的美人嗎？一九三七年在雜誌《少女之友》上發表的《少女的港灣》是他為少女寫小說的第一步。川端的少女小說大都由中原淳一插圖。中原繼承了夢二源流，有「昭和夢二」之稱，筆下的大眼睛進而變形就演變為眼睛裡星光閃閃的少女漫畫。川端讚道：「我對中原的工作從過去就抱有敬意，他是在今日的荒野上點燃美麗之火的人。」端少女小說也是在荒野上點燃美麗之火，而且他說過：「我好像不大有

寫少年題材的才能，不過，如果有人索稿就高興寫，不光為得到柴米油鹽之資，而是也覺得這樣的工作或許會成為治療自己的藝術小說的不健康的一步。」可以說，夢二的美人畫正是治療畫壇藝術的不健康的一步。雖不是國寶，但那種柔軟、豔冶、天真至今仍迷人，而川端的少女小說被他自己的所謂純文學遮掩，幾乎不大見天日了。

作踐武二郎

劉備小時候沒爹，和母親販屨織席為業，日後被民間傳說賣草鞋，乃至供奉為鞋神。但日本人不知道劉備賣鞋，雖然他們愛「三國」，勁頭兒甚至超過我們。若問因由，原來他們讀的「三國」基本是日本小說家吉川英治改寫的，只說劉備編席子簾子賣。在吉川《三國志》裡劉備登場，望著滾滾黃河水，等候商船買茶葉孝敬老母，就此寫了些茶葉的歷史知識，當時貴重得只有闊人或病人才能喝云云。劉母嗜茶，可見就不是一般人家。如果照葫蘆畫瓢，也跟著《三國演義》賣屨，就算是草鞋，日本現今還有賣，恐怕寫劉備就難以翻新。

世界上沒有哪國的文學作品能夠像「三國」這樣，竟成為另國取之不竭的文學源泉。不止是「三國」，日本把「水滸」也拿去改寫，例如吉川英治《新．水滸傳》、柴田煉三郎《我等乃梁山泊好漢》、津本陽《新釋水滸傳》、杉本苑子《悲華水滸傳》。所謂改寫，無非將原典加以日本化、現代化、細節化，也就異化為日本的東西。畢竟是別人的東西，少了些敬畏，甚而也不無戲耍之心，改起來無所顧忌，以致面目全非，足以教本家來氣。幾年前北方謙三改寫《水滸傳》可算是典型。恭維它的人說：人名一如原典，但人物被重新造型，完全不同了。譬如我們的好漢武二郎，居然給他寫成了強姦潘金蓮。

大致是這樣：潘金蓮比武二郎大四歲，一條胡同裡住著，二郎從六歲就喜歡她。誰知母親臨死前給武大郎聘定金蓮，讓二郎恨死這娘，做夢死了這哥，自己娶金蓮為妻。無意中窺見兄嫂做愛之後，二郎開始喝酒了。跟十七、八個人打架，被踢得尿血。兩天臥床不起，金蓮端茶送飯，於是痛並快樂著。在家裡坐臥不寧，出外結識了魯智深和宋江，從此有志向，卻還是想念金蓮。喝多少酒也不醉，可是不論抱著什麼樣的女人，閉上眼總浮現金蓮那張也算不上絕世美女的臉。二郎覺得自己像宋江批評的，是一個弱男，不想國事想女人。兄長似的魯智深似有所感，讓二郎回一趟家。金蓮做了菜，「肉和蔬菜用油炒」什麼的。她的指尖有點粗糙了，粗糙的指尖也可愛。心緒不寧，二郎不住家裡住旅店。翌日半晌午就開始喝，晚上已大醉。不知怎的就來到家門口，他知道此日哥哥外出不歸。金蓮開門，問這麼晚怎麼啦，二郎說我來抱抱你。他跳上去抱起潘金蓮，衝進臥室。摸到了陰毛，軟軟的，驚覺這不是夢，但兇暴裹住他的心。一氣大戰四回合。金蓮說：「你的太大了」，「你說從二十年前就喜歡我嗎」，「我是幸福的女人，被一個男人一直這麼愛」，「可我背叛了丈夫」，「你睡一會兒吧」。當武二郎醒來時，潘金蓮倒在客廳裡，割腕自殺了。桌上有遺書，寫道：被幾個賊人淩辱，不能再活了。二郎讀了多少遍也不明白是什麼意思。他踢破大門，衝到街上，狂奔而去。投河尋死，漂流了很遠還活著，就上山打老虎。

如今小說家難得像村上春樹那樣安於筆硯間，常常要拋頭露面，北方謙三也上過電視。他是很喜好自我詮釋的作家，像中國小品的北方人，瞪著睛忽悠。當年搞學生運動當過小頭目，彷彿還保留造反派脾氣。自詡看出中國《水滸傳》的破綻，其一是不大寫女人，這就不自然。北方《水滸傳》獲得司馬遼太郎獎，感言：「作家想寫想寫的，這是當然的事情，但未必能做到。出版社約稿，是自己覺得已經沒東西可寫的類型，而想寫的東西能不能得到讀者支持也是問題。」此話不假，施耐庵不想寫女人，他做到了。司馬遼太郎對於北方寫歷史小說來說「是聳立在眼前的巨大山峰」，他也不寫女人。北方謙三想寫，便大肆給水泊梁山添女人，說是要通過武松潘金蓮這一對男女描寫更深的人的本質及心情。有人說，北方給《水滸傳》的年邁之軀吹入時代氣息，灌注了湧自心魂的泉水，使人物進化。可是，古典文學何曾老邁，何曾需要進化呢？古典是作為古典而存在，無須現代化。改寫對於原典只是一個破壞。照貓畫虎，比照貓畫貓容易得多。撐竿跳，跳得再高也是靠竿子。原典塑造的就是這個潘金蓮，這個武二郎，他們是文學形象，若想創作另一個，應當去另起爐灶。倘若在中國，這麼作踐早已定型在人們心中的武松形象，怕是要引起民憤的罷，尤其在當今憤青芸芸的時代。北方認為寫男女那是非上床不可的，林沖就被他寫得回家就發瘋行房，說是藉以宣洩在職場惹來的一肚子鳥氣。或許有人看中這一點，躍躍把它翻譯到中國來也說不定。

日本小說家改寫，每每還照搬或套用原書名，也招人厭惡，如吉川英治的《三國志》，北方謙三的《水滸傳》。村上春樹尤愛用現成的書名，起碼表明他構思的起點不具原創性。大概《1984》的銷路反倒是搭了《1Q84》的便車，但畢竟他先有螞蝗叮鷺鷥腳之意。非美女作家林真理子寫過一本以江戶時代為題材的小說，取名《本朝金瓶梅》；本朝者，日本也，主人公叫西門屋慶左衛門。

江戶時代（十七－十九世紀中葉）《水滸傳》翻譯到日本來，不久就有人改寫出《本朝水滸傳》。又有一個叫曲亭馬琴的通俗小說家，把所有人物都改成女性，叫《傾城水滸傳》，大暢其銷。那時人們喜愛「水滸」勝過「三國」。浮世繪當中有一類武者繪，也愛畫水滸傳人物，歌川國芳筆下的一百單八將尤為斑斕。正月裡孩子們放風箏，上面畫梁山好漢，最有人氣的是九紋龍史進、花和尚魯智深。北方謙三《水滸傳》影響所致，日本人將喜愛哪位好漢呢？

山岡莊八的「戰爭與和平」

從東京驅車到愛知縣岡崎市大約四個小時，再奔馳兩個多小時便到了京都。岡崎市內有岡崎城，德川家康就出生於此城。他的子孫把大政奉還給天皇家以後城郭被拆毀，現今該市當作標誌的城樓是戰敗十餘年後重建的。近處豎立著家康銅像，肥頭大耳，「一張偉大的鄉巴佬的臉」（山岡莊八語）。還有一塊折頁似的碑石，鐫刻：「武田信玄二十一歲，上杉謙信十二歲，織田信長八歲，日後的平民太閤豐臣秀吉是髒兮兮的六歲孩童。這一年，天文十年——一衣帶水的大海彼岸是明代」。這段文字是山岡莊八的小說《德川家康》突兀而起的開篇。

天文十年，即西元一五四一年，時當明嘉靖二十年，德川家康降世前一年，小說便由此寫起，順時而下，一直寫到一六一六年他結束七十五年生涯。山岡莊八說，《德川家康》「與世上說的歷史小說有點不同，盡情發揮了作者的空想」。這樣的小說，日本叫「時代小說」，通常寫江戶時代那些事兒，而《德川家康》早了些，歷史上屬於戰國時代，即一四六七年應仁之亂至一五七三年室町幕府滅亡的一百年間。它開了「戰國小說」的先河，始自一九五〇年三月二十八日，在地方報紙上連載十八年，結集為二十六卷。文字天天碼下去，如萬里長城，作家的筆力當然是超群的，而上世紀五、六〇年代讀者的閱讀耐性及生活節奏更令人驚歎。

歷史人物那有血有肉的形象每每是文學藝術塑造的，例如小說家吉川英治創作的宮本武藏，司馬遼太郎的阪本龍馬。比中國的春秋戰國晚千餘年，日本戰國時代也同樣是王權旁落，諸國紛爭，先後有三個人物領風騷，那就是織田信長、豐臣秀吉、德川家康。他們性格各異，信長是「杜鵑不叫就殺掉」，秀吉是「杜鵑不叫要讓它叫」，而家康是「杜鵑不叫那就等到它叫」。德川家康奉行一個忍字，他有一句遺訓，其實是偽造，但廣為人知：人的一生如負重遠行，不要急。當然，他的忍並非袖手坐等天上掉餡餅，而是頂著堅硬的龜殼不屈不撓地前行。忍耐的背後，實質是冷酷與狡猾。待秀吉病故，家康起而奪天下，在旁人看來很像是下山摘桃子，嫉妒之餘，又瞧他不起。江戶年間唱戲暗罵他「狸爺」，用我們的話來說，是一隻老狐狸。明治維新，王政復古，皇權旁落兩個半世紀始作俑者德川家康徹底被打翻在地。二十世紀初頭，評書本風行一時，「狸爺」形象在民間定型。戰後之初，山岡莊八寫德川家康，頌揚忍耐，梟雄一變為「厭離穢土，欣求淨土」的高潔之士，始終都是在追求和平。有點像我們的郭沫若為曹操翻案，其實是山岡莊八畢生仰之為師的長谷川伸所慣用的小說手法。一九七〇年代初司馬遼太郎也寫了德川家康，把功過對開，過在使日本民族性格矮小化、畸形化。

山岡莊八生於一九〇七年，讀兩年高小，十四歲離鄉進東京做揀字工。跟親戚合辦印刷廠，倒閉，再自辦裝訂廠，又倒閉。入出版社當編輯，結識走紅的大眾小說家長谷川伸。創辦「與大眾共進」的文學雜誌《大眾俱樂部》。當時已成名的吉川英治把血氣方剛的山岡叫虎頭狗，告誡他年輕時要克制，雖不是家康，但忍耐很重要。熱情似火，可雜誌賣不掉，兩年後停刊。三十二歲時作品入選某雜誌大眾文藝獎，決意以寫作為生。出版界少了一個賠錢的編輯，產生了筆名山岡莊八的大眾小說家。

一九四二年被大本營海軍部徵召為報導員，決心赴死，離家前給自己做好了靈牌。體驗潛水艇生活，寫出一系列迎合時局的作品，獲得有「私設文部省」之稱的講談社野間文藝獎勵賞。四三年出版以江田島軍校為題材的小說《禦盾》頗受青少年歡迎。四五年四月，戰敗在即，被派赴鹿屋，那裡是敢死隊出擊的基地，目送了最後幾批敢死隊員一去不復返的起飛。鹿屋歸來，到各地宣講年輕敢死隊員以身殉天皇的事蹟，忽聞裕仁天皇的玉音，宣佈投降。茫然自失，企圖自殺，被長谷川伸勸阻。盟軍佔領日本，把積極為戰爭效力的山岡莊八列入開除公職的名單。

天佑日本，一九五〇年美國在朝鮮半島上打仗，日本被當作中繼基地，階下囚變成幫手，經濟更加速復興。繼中央三大報之後，地方報紙也紛紛恢復晚報。晚報不能沒小說連載，北海道新聞登門約山岡連載一百五十回。這時他已經動筆寫《德川家康》，答曰：一百五十回家康還沒出世哪。報社妥協，只求在最後一回怎麼也得讓家康出生，不然對讀者交待不過去。孰料，一發而不可止，連載了四千七百二十五回。一九六七年單行本最後一卷上市，後記有云：「我首先把它供在我家院落裡祭祀的『空中觀音』靈前」；「空中觀音是一九四五年春我從鹿兒島縣鹿屋機場目送上天的那些敢死隊年輕人的靈魂」。數年後刊行便攜版，又寫道：此書是「我奉獻給從鹿屋基地接連起飛，撞擊沖繩美軍艦艇的海軍敢死隊戰士們的香華」。

山岡莊八說自己是「懷著對『和平』的祈禱」寫《德川家康》的，把這部小說當作他的「戰爭與和平」，不過，他所謂和平，在我們看來不免有點怪。勝也罷，敗也罷，戰爭若有了結果，總歸是某種和平，與民生息，但日本戰敗，山岡認為「這不是終戰，不正是更悲慘的下一次展開之前的小休止嗎？文明所具有的性質，支配人們頭腦的哲學，現實中變動的政治，都絲毫看不出與『和平』相關的東西，只能感受到與萬眾的希求完全相反的血腥」。所謂「家康及諸靈所欲求的『泰平』還沒有在今天的世界紮根」，偷換和平的概念，可能多數日本人出於幼稚，而山岡則有意為之。對於和平的想法，勝者與敗者實質上難以求同，只是在和平二字之下各做各的夢罷了。那麼，戰敗的日本應該怎麼辦？這正是山岡要寫的。有讀者看出，小說《德川家康》把新興勢力織田氏比作蘇聯，憧憬京都文化的今川氏則比作美國，而弱小的德川不就是寫日本嗎？山岡為之興奮，進一步指出：「織田氏也罷，豐臣氏也罷，終究都包藏著跟今川氏一樣崩潰的種子。」日本只要學德川家康，忍之又忍，等蘇聯完了，美國也完了，天下便到手，那時才泰平。第一卷後記與第二十六卷後記相隔十餘年，所記有所變化，最明顯處在於把日本亂世之世變成世界之世，用今天的世界說事，給昨天的日本開脫了罪責。

一九七三年講談社出版《大眾文學全集》，山岡莊八毫不猶豫地收入為侵略戰爭鼓舞士氣的《禦盾》。這部小說本打算寫四卷，但是被海軍派赴鹿屋基地而輟筆，只寫了三卷。從一九六二年到七一年他曠日持久地寫了《小說太平洋戰爭》，就是接著《禦盾》寫，慨言寫完這個小說才自我解除了「大本營報導班員」的職務。他認為太平洋戰爭（十五年戰爭期間稱作大東亞戰爭）的發端是一八五三年美國艦隊敲開日本國門，而使日中戰爭陷入泥淖的，絕不是近衛或東條，也不是蔣介石，而是每當兩者要握手言和，美國、英國還有共產國際就出來掣肘，使戰線向意外的方向擴大。莊八每唱軍歌涕泗零，說「父親啊，你是堅強的」一句道盡「白歐文明所壓迫的有色人種歷史轉折之際被拉上戰場的無名戰士的哀傷」。

山岡莊八再三明言《德川家康》絕不是與現代無關的小說，他是用家康來比喻夾在蘇美之間的日本，然而，正如他自己說的，「作品孤行就好似長大成人的孩子獨立獨步，由不得我」，廣大讀者把這部喻世之作卻讀成了經營寶典，真讓他哭笑不得。這倒是時代使然。一九五八年日本人發明「速食麵」，轉年經濟增長率百分之十一，又明年池田勇人上臺，提出國民收入翻一番計畫。「私家車」一詞流行，卻也愛讀書，書店裡走俏日本史及經營類圖書，只可惜發財之道都是從美國搬來的。一九六二年三月《週刊文春》雜誌搞了個特輯，說公司老闆們愛讀山岡莊八的小說，暗流湧動，「用德川家康這位英雄來填埋舶來經營學與日本企業現狀之間的溝壑」。本來不被人待見的家康一下子鹹魚翻身，他說「家臣是寶，家臣是我師，家臣是我的影子」，這處世哲學被奉為日本式經營的箴言。山岡莊八的小說頭三卷印數遞減，八千、七千、六千，而一九六二年七月推出第十八卷，一印兩萬四，十一月第十九卷猛增到八萬，風起雲湧，（多卷合計）連續三年進入暢銷榜前六位。某企業家認為德川家康不值得學，因為織田信長、豐臣秀吉有創意，而家康不過是狡猾地竊取了他們所開創的事業。山岡莊八也只好跟著讀者跑，用這種話反駁：信長是做好了破產準備的，秀吉失敗於經營馬虎，二人都沒有把公司辦下去的力量。但試想，織田和豐臣若不早死，輿許輪不到家康來持續未竟事業，而家康生也晚，竟活了七十五年，在當時實屬特例。

山岡莊八始終不渝的志向就是為體制服務，乃至當帝王師。《德川家康》寫出名，躋身為政經座上賓，往來有總理。他是戰敗後才恍然認識到天皇的偉大，沒有天皇就沒有和平。有人送一尾鯛魚，也要供在神龕上，先請天皇嘗。有人呼籲向中國賠罪，他寫道：「我怎麼也不覺得應該向中共的人們賠不是。說是日中戰爭中有人折磨了那邊的人民，所以我也要道歉，可問題是不記得折磨過人的我道歉也不會完事。」他大概是一個素樸的民族主義者，雖然很喜歡說教，甚至出版有《德川家康名言集》，當然都是他莊八之言，但似乎並沒有多麼高深的思想。

山岡還寫過織田信長、豐臣秀吉等，有人譏諷他光寫歷史上有名的人物。同步於大量生產、大量消費的時代，其作品曾擁有大量的讀者，但是在日本文學史上，雪泥鴻爪，不大被置評。一九七〇年代《德川家康》就已被韓國盜版，也頗有銷路，想來譯本更沒了文學，只剩下故事。莊八說過：「小說是那個作家的排泄物。」

小說長鳴警世鐘

日本出版不景氣，二〇〇九年書刊銷售額跌回了二十年前的水準，但冷眼細看，慘跌的主要是過度依賴於廣告，而內容與編輯又未能跟上時代的雜誌，實際上圖書跌得不算慘。書店裡豈止村上春樹的新作《1Q84》一枝獨秀，山崎豐子的幾部小說，而且是舊作，如《不毛地帶》、《白色巨塔》、《不沈的太陽》也賣得火，如火如荼。

山崎豐子生於一九二四年，家業是大阪的海帶商。當初在報社當記者，被日後成為大作家的上司井上靖鼓動：「要是寫自己的經歷和家庭，任誰一輩子都能寫一回」，於是她寫了一個關於海帶商兩代的長篇小說《暖簾》，於一九五七年出道。翌年繼續寫大阪，模特是日本一家最長久的演藝經紀公司創辦者吉本勢，這個小說《花簾》獲得直木獎，在文壇立住了腳跟，從此專事創作。獲獎時發表感言：「我好像寫不來盆景似枝葉綽約的小說，也不想寫。想寫的是『造林小說』，如同一株一株在禿山上植樹造林。作為素材，就是不斷寫大阪的天空、河流和人。對於我來說，我覺得從養育自己的風土中凝視人是最為確實有把握的方法。」但山崎造林，不久就不局限於大阪這一座禿山，取材的範圍擴展到整個日本，筆挾雷霆，有剖析醫學界腐敗的《白色巨塔》，有暴露銀行家醜惡欲望的《華麗家族》，而執筆十八年的戰爭三部曲《不毛地帶》、《兩個祖國》、《大地之子》，更邁步西伯利亞、美國、中國大陸，描寫被戰爭撥弄命運的人們的悲劇。筆鋒與井上靖迥異，作品裡沒有「Q」，不含糊其詞或故弄玄虛，直指社會的癥結所在。規模之宏大，完全超出了我們通常對日本作家尤其女作家的印象或成見。

日本有一種屬於自然主義文學的小說，叫私小說（所謂私，是第一人稱「我」），描述自身及周邊的瑣事，被視為純文學。與之相對，內容範圍更擴大，自然是社會小說。山崎豐子自認社會派，向來很看重作家的使命，以事實為資料，用小說的手法構成、描寫，給社會敲警鐘。寫天下大事，她是足以同司馬遼太郎、松本清張比肩的。匈牙利哲學家、文藝理論家盧卡奇（Georg Lukács 1885-1971）認為，世界文學的優秀作品都可以叫歷史小說，「對於歷史小說來說，重要的不是複述歷史上的大事件，而是藝術地喚醒在這一事件中形成的人」。（見《歷史小說論》日譯本）山崎豐子正是把無限地接近當下的時代寫入歷史裡，誠如她自道：「被說是提起社會大問題云云，那完全是結果，而我本人作為小說家，只是對人的生活方式極為關注。就是說，並非醫學界就醫學界，銀行就銀行，單純寫問題，而是要強烈地寫出不得不活在『現代』這個巨大魔窟中的人的故事。」

《不毛地帶》寫的人叫壹岐正，十四歲立志從軍，年紀輕輕當上大本營陸軍部的作戰參謀，直接參與了開戰、戰敗，被拘押在西伯利亞十一年，重返日本已四十六歲，就職於商社，變身為企業戰士，與政界及防衛廳周旋，推銷戰鬥機，撮合經營不善的日本汽車公司跟美國有名的汽車公司合作，進而到伊朗開發石油。老闆之所以聘用他這個毫無經商知識的舊軍人，是要藉助於大本營參謀所具有的作戰力和組織力，打贏經濟戰。不負所望，壹岐為公司締造了組織，今後的時代是組織發揮作用的時代。然而，組織健全，精神荒廢，他飄然而去，去回收死在白色的不毛之地西伯利亞的日本人遺骨。戰爭失敗，經濟勝利，然後又開始第三度人生，那將是徹底活在精神之中的人生。

起初山崎豐子把這部長篇小說題為「白色大地」，但前半寫西伯利亞是白雪皚皚，後半寫中東石油地帶就變成紅色大地，無法統一在這個題目下，最終定名為《不毛地帶》。關於其含義，她解說得明明白白：「『不毛地帶』意味著精神的饑餓狀態。一九六五年以後，經濟以異常之勢發展，物質確實豐富了，但由於認定人的所有欲望都能靠金錢來解決，精神上完全頹廢了，這不止於政治，也涉及教育問題，不單是大人世界，也蔓延到孩子的世界。縱然說整個日本是不毛地帶，也並非過言。」「在某種意義上，這回的《不毛地帶》與以往的作品相比，也許可以說立意略有變化。比起一個人的生活方式，更想描寫錢錢錢的世態、精神的不毛地帶。」

「沒有比小說更有意思的」，寫小說最讓作家傷腦筋的是主人公，主人公的性格即小說。關於《不毛地帶》主人公的姓名，她也有所解釋：「我本來愛考究主人公的名字，想只用名字就鮮明給讀者烙印主人公的形象。《不毛地帶》主人公壹岐正，意思是戰爭期間、戰後，被置於任何環境都要以第一義（最重要的根本意義）為生，把一寫作舊漢字的壹，姓壹岐，名減少筆劃，端正姿態之意，叫作正。」

《不毛地帶》暴露「近畿商事」這一家商社的內幕，並藉以反映日本戰後三十年間的歷程及問題。戰敗後另闢蹊徑，日本以經濟立國，很大程度上借力於商社，但伴隨經濟發展，物質異常地豐富，弊端叢生，一定程度上也罪在商社。戰後日本被視為神話，讀過了《不毛地帶》，神話變為現實，同時也窺知這現實是如何變成神話的。

在精神頹敗荒廢的現代日本，壹岐正對信念始終不渝，按自己的方式生活，不屈不撓，當然也不免孤獨。山崎豐子大加頌揚的這種男子漢美學，其實是江戶時代充當藩主的家臣，戰爭年代效忠於天皇，戰後為公司賣命，從武士到上班族一脈相承的。「具有在今世地獄般的囚徒生活中也不曲信念的強韌之心的軍人」，更不是天然的人格，而是軍國主義教育的成果，空洞其實質，塑造為日本人典型，童話般讚美，恐怕我們就難以隨聲附和了。山崎曾寫道：「那種面容，是日夜在中東的酷烈氣候與特殊社會風習中，為確保日本生命線——石油而戰鬥的男子漢面容。在遙遠的沙漠之國遇見如今在日本見不到的臉、在日本正失去的心，感銘肺腑，可以說象徵了現代日本的精神上不毛。」身為外國人，對這類說辭也不免匪夷所思，莫非日本的生命線或精神總要到海外覓取麼？

《不毛地帶》自一九七三年六月至七八年八月在每日新聞社的週刊雜誌上連載了五年，後由新潮社出版單行本，幾年後印行文庫版。連載期間發生洛克希德事件（小說中的拉克希德），田中角榮總理為此而下臺，山崎豐子簡直預見了這一動搖整個日本的事件，其洞察與卓見令人驚歎。小說具有社會性，前提當然是取材於社會。山崎要「開創與時俱進的，小說與紀實之間的一種非常新的類型」，說：「取材是我作品的生命；縱使想出多麼好的主題，作品的成敗也受制於能否找到取材的金礦。」她做過記者，對於取材不怵頭，不嫌煩，淨關在書齋裡反而會覺得小說便缺少現實感。調查成癖，執著而詳盡。為寫作《不毛地帶》，從長年拘留西伯利亞的歸來者，到商社、銀行、海外企業、媒體等，採訪了三百七十七人。《大地之子》取材時，得到中共總書記胡耀邦的關照，破例地三度會見，使她甚至採訪了美國司法考察團也不得參觀的監獄。據她記述，胡耀邦見面第一句話：聽說你在為中日友好寫小說，我們也要盡可能幫助。這大概是社會派作家的招牌給共產黨人造成誤解，

以為她拔資本主義的草，就要種社會主義的苗。日本作家邊見庸說：小說或文學這東西本質上沒有非虛構與虛構的界線，優秀的虛構就像是非虛構，優秀的非虛構恰似虛構。山崎小說常帶有非虛構色彩，乃至招非議，抄襲之類的訴訟也時有發生。

山崎豐子把書齋叫牢籠，脫稿擲筆就好似出獄。司馬遼太郎晚年退出了小說，專心寫歷史隨筆。山崎寫完戰爭三部曲，也喪失繼續寫下去的自信，經一位名編輯開導，又決心無視戶籍年齡，和小說主人公一起，朝氣蓬勃地走到天涯海角，「拿著稿紙和鋼筆進棺材」。

國語問題

內田百閑是夏目漱石的弟子，隨筆寫得好，灑脫有趣，據說為人卻極其固執。譬如一九六〇年代某出版社刊行《日本的文學》一百卷，標榜是破天荒使用戰後新文字的文學全集，但內田抗拒文字改革，唯有他那卷舊態依然。不過，死後十八年的一九八九年，遺屬終於背棄其遺志，改用新文字，雖然當前猶限於文庫版。

日本內閣二〇一〇年十一月三十日頒佈新《常用漢字表》，計二一三六字，比一九八一年的漢字表增加一九一字。京都大學大學院教授阿辻哲次有漢字博士之稱，擔任文部科學省下轄的文化審議會國語分科會漢字小委員會委員，參與了《常用漢字表》修定。日前他出版一本《戰後日本漢字史》（新潮社二〇一〇年十一月二十五日刊行），對戰後六十年漢字在日本的「受難」縷述甚詳，剖析得失也頗中肯綮。中國是漢字的本家，面臨西方文化的盛氣與威勢，漢字也被當作替罪羊，近代以降所受的磨難或許更多些，因而讀此書不單能知道些日本逸事，似乎也不妨為鑒。

日本語，這是日本對外的稱呼，對內叫國語。國語問題是日本的歷史問題之一。表意文字的漢字悠久地充當漢文圈核心，隨清朝的衰敗而式微，一八六六年幕府臣僚前島密向末代將軍呈遞了廢止漢字的奏摺，建言用假名（日本字母）普及教育。

明治政府第一任文部大臣森有禮試圖用英語取代日語。福澤諭吉在《文字之教》中主張對漢字加以限制，像當今對待核武器一樣逐步廢除。創造了哲學、自由、理性等詞語的西周倡議以洋字寫國語。以減輕國民生活中的漢字負擔為由，文部大臣監管的「臨時國語調查會」於一九二三年發表《常用漢字表》，計一九六〇字，這是日本限制漢字之始。因發生關東大地震，未付諸實施。限制漢字可節省工本，報社尤為歡迎。一九四二年國語審議會提出《標準漢字表》，附有簡易字體，容許世間通用的略字或俗字，例如亂（乱）、國（国），但當時正起勁鼓吹與中國「同文同種」，建設「大東亞共榮圈」，限制漢字之舉遭軍政府反對，也未至施行。

如果說以往八十年對漢字是自賤自殘，那麼一九四五年八月三十日，麥克亞瑟將軍叼著煙斗走下舷梯，又飛來美國人對日本文化的橫加干預與壓制。天皇本來是人模人樣現於世上的神，只好變回人，政治及經濟體制乃至所有領域都被迫進行史無前例的變革。為改革教育，請來「美國教育使節團」，考察一通，提出了報告，其中有一章《國語改革》。以佔領為背景，使節團無視或輕視日本的傳統及國情，一心把歐美人的想法搬到日本來。他們認為，「日語大部分用漢字寫，要記住那些漢字對於學生是過重的負擔」，「在教育的最初階段，時間浪費於記這種文字的苦鬥」。於是提出了三個方案，一是減少漢字數量，二是全廢漢字，採用某種形式的假名，三是漢字、假名全廢，採用某種形式的羅馬字。據他們判斷，「假名也不如羅馬字有利，羅馬字大大有助於民主主義的市民精神和國際理解的發展」，「相信漢字作為一般的書寫語言早晚應全廢，採用音標文字系統」。而「現在」，一敗塗地，一張白紙般沒有負擔，「正是邁出國語改革值得紀念的第一步的絕好時機，恐怕這種好時機今後多少代也不會再來」。

人心惶惶，對漢字的世論由限制一下子轉向廢止。甚至被捧為小說之神的志賀直哉發表廢除日語論，意思是日本人大概因使用日語而發動了戰爭，那就把日語廢掉罷，改用世界上最好的語言——法語。佔領軍下戰車伊始，命令日本政府把車站、道路等的牌子用英文（戰爭期間日本稱之為鬼畜語言）標示。一位三十出頭的美軍官主管教育，讓日本人調查識字水準，水準低就證明漢字難，難就必須廢除。可是一調查，文盲僅為百分之二點一，為世界罕見，那軍官竟要求修改這一結果，日本調查者雖然是主張改用羅馬字的，卻不肯歪曲事實。

以作家山本有三為首制定出《當用漢字表》（當的意思不是應當，而是當前，屬於日本人誤用漢字，在某種程度上漢字的日本特色就這麼形成），為一八五〇字。此漢字表屬於向廢除漢字、改用羅馬字的過渡，在憲法公佈十三天後，吉田茂內閣於一九四六年十一月匆匆頒佈於世。它規定了法令、公文、報刊及一般社會使用漢字的範圍，表內若沒有就必須寫假名，對漢字是一表限制。時值社會一片混亂，人們忙於在廢墟中找食，誰顧得上文字問題。說來天皇制和漢字那時候廢也就廢了，歷史上不乏先例，但日本是幸運的，美國很快又投入朝鮮戰爭，需要日本作幫手，不再過問漢字，即便是障礙民主化的勞什子。

一九五〇年代中期，中國也戮力推行文字改革，大有漢字不久將消滅之勢，影響及於日本，國語審議會熱衷於限制並廢除漢字，或者用羅馬字，或者用假名。但輿論並不是一律的，莎士比亞戲劇翻譯家福田恆存憤起反對。他指出中世因大量使用漢語才克服了方言差別，況且和漢字同樣，英語拼寫對於記憶也是個負擔。一九六六年文部大臣明言，國語表記以漢字假名混用為前提，不考慮廢除漢字。一九八一年頒佈《常用漢字表》，增加九十五字，計一九四五字。此表不再是限制，而是一個寬鬆的標準，日常使用漢字相當自由了。內田百閑也可以我行我素，這是一種可貴的堅守，卻也給在「當用漢字表」之下生長的世代（大致相當於中國長在紅旗下的一代，屬於簡化字世代）及其後代們平添些麻煩。

廢除漢字的理由之一是不利於國際競爭，對此，有保守派論客之稱的福田恆存一九六〇年寫道：也可以充分消化漢字假名混用文的機械未必不會被發明。一九七〇年代末，日語文字處理機問世，長年主張限制漢字的語言學家金田一春彥痛快地轉向，說常用漢字數量可增至三千左右。電腦、網路發展並普及，文字由寫變為打，漢字限制論消失殆盡。有趣的是，閒字被略為閑，網路上常把百閒打成百間。

第三種啤酒

村上春樹的小說《聽風的歌》是「啤酒小說」。

小說裡的人物「鼠」關於喝啤酒的說法妙極，他說：「啤酒的好處罷，在於全部變成小便排出去。一出局二上壘三雙殺，什麼都不剩。」

那是一九七〇年，負笈東京的「我」暑假回到海邊的故鄉，靠啤酒打發十九天——「一整個夏天，我和鼠像著了魔一樣喝掉了差不多裝滿二十五米游泳池的啤酒，『傑伊吧』的地上撒滿花生殼，有五釐米厚。而且，那是不這麼做簡直就活不過去的無聊的夏天。」

「傑伊吧」是調酒師「傑伊」經營的，「他是中國人，但說日語比我好得多」。這個名子是他在美軍基地做工時大兵給起的綽號。在「傑伊吧」的廁所裡，「我」救助了醉倒在地的左手沒有小指的女孩，把她送回家。小說像村上那張臉一樣不大有表情，但讀起來身不由己，順著字裡行間一瀉而下，到頭來想想，又鬧不清他到底想要說什麼。《聽風的歌》一九七九年獲得群像新人文學獎，發表於《群像》雜誌，是村上的出道之作。評委之一的丸谷才一說村上春樹的出現「是一個事件」：這個作品「是在現代美國小說的強烈影響下創作而成的」，「儘管有外國範本，但如此自在而巧妙地脫離現實主義是值得注目的成果」。「非常有才氣，尤其好在小說的筆勢一點不沉滯。二十九歲的青年寫出這樣的東西，讓人感到當今日本文學趣味眼看要大變」。村上在寫作過程中曾把它譯成英文，再譯回日文，或許就是用這個法子洗煉了語言，明白如話，並造成日本人讀來別有風味的翻譯調。

我跟村上同年，一九七〇年的夏天我在做什麼呢？只記得那時候滴酒不沾，可能還罵過啤酒像馬尿，雖然並不曾嚐過馬尿的滋味。啤酒的主要原料是發芽的大麥，那股子苦味來自啤酒花。聽說它歷史悠久，早在西元前三千年蘇美爾人就喝上了。大麥不像小麥那樣適於做麵包，粉碎了做粥，粥發酵就出了酒味，倒也是順其自然。一七二四年日本人第一次見識啤酒，是幾個荷蘭使節在旅館聚飲自帶的啤酒，記錄在案。一八五三年美國艦隊叩關，當通譯的日本人在敵艦上品嘗了啤酒，過後曾試釀。一八六五年福澤諭吉在《西洋衣食住》中寫道：「有酒曰比爾，是麥酒，其味至苦，乃妙在豁然胸襟。」一八六九年美國人在橫濱釀造啤酒，隨後日本人先後在大阪、札幌建啤酒廠。一八九九年東京出現啤酒館，比咖啡館早兩年。啤酒是壟斷性產業，現今有四大公司，麒麟、朝日、札幌、三得利。一九七〇年前半，市場上五分之三是麒麟啤酒，大概「鼠」們常喝它，但也可能是札幌啤酒，因為正是一九七〇年，名優三船敏郎做電視廣告：男人默默喝札幌啤酒。

我是昭和末年東渡的。一九八九年一月七日天皇駕崩，翌日改元平成，所以昭和六十四年只七天即告結束。朝日的「超爽」啤酒上市已兩年，商標上字母密密麻麻，只一個「生」字醒目，看上去發黑，不招人喜歡，但廣告說「這個味道改變世界的啤酒」，也就喝起來。「生」（鮮）是針對「熟」，麒麟熟啤酒便打出反擊廣告：我只喝熟的。冒沫啤酒杯似的朝日公司大樓是那時候在隅田川畔落成的，旁邊的超爽啤酒館頂上有一個巨大的標誌，法國著名建築師的設計，據說是金色火焰，但下里巴人們看它像屎橛子。爽了沒幾年，泡沫經濟呼啦啦崩潰，人們喝起了發泡酒。這種酒是三得利開發的，一九九四年上市。啤酒大國德國有「純粹啤酒令」，規定啤酒的原料只能用麥芽、啤酒花和水（出口則不拘此限），而日本跟美國一樣，可以添加玉米等其他原料，味道不像德啤那麼苦。在徵稅上，歐美是按照啤酒的酒精度，度數越高稅越高，而日本是根據麥芽的多少，麥芽比率在百分之六十七以上是啤酒。廠家鑽這個空子，「發泡酒」麥芽含量不到百分之二十五，上稅就只有啤酒的一半。本來為稅收焦頭爛額的政府豈能容你，二〇〇三年對發泡酒增稅。上有政策，下有對策；下有了對策，上又出臺新政策，無窮匱也，歷史便向前發展。二〇〇四年札幌公司率先推出「第三種啤酒」，乾脆不使用麥芽，用豌豆之類做原料，比發泡酒還便宜，再打廉價戰。政府也不含糊，二〇〇六年就修改酒稅法，增了第三種啤酒稅。

啤酒多事，主要是因為它的稅比其他酒類高，幾乎占一半，規定也繁雜。發泡酒、第三種啤酒似啤非啤，對啤酒文化來說是一個破壞，如果日本也存在這麼個文化的話。稅增來增去，最終轉嫁到喝酒人頭上。經濟至今不景氣，啤酒減了稅還是比第三種啤酒貴得多，平民百姓只好喝那麼個意思，風味風味。日本啤酒百餘年，如今反倒喝代用品，說來真不大是滋味。平成十八年，從啤酒到發泡酒以至第三種啤酒，我也是歷史見證人。「鼠」沒喝到發泡酒，他在村上的第三部長篇小說《圍繞羊的冒險》裡就死了，那是一九七八年，上吊自殺的。「鼠」厭惡有錢人，這正是他那個時代的脾氣，雖然他家也相當有錢。所以，即使他活著，可能也不喝「惠比壽」，這種啤酒在日本算純粹的，廣告總在說「可有點奢侈吔」，好像拿窮人開心。

《聽風的歌》到了最後用兩句話點題：「所有的東西都一走一過，誰也抓不住它。我們當那樣的風活著。」人也像風一樣，「我」冬天再歸鄉，那個墮過胎的沒有小指的女孩「已消逝在人的洪水和時的流波中，不留痕跡」。啤酒也是在肚子裡一走一過，但好些人不單利了尿，還鼓起啤酒肚，看著不像有喪失感或虛無感。

情人旅館的字畫

《天黑以後》，書上畫的錶針已指向Am12點25分，村上春樹通過他高飛的鳥眼，看見三個女人進入旅館辦公室，寫道：「房間裡靠牆堆了紙殼箱，有一個鐵製辦公桌，簡單的待客傢俱。辦公桌上有電腦鍵盤和液晶顯示屏。牆上掛著月曆、裝了相田光男的字的畫框、電鐘。有袖珍電視機，小冰箱上放著微波爐。人進來三個，房間就太窄了。」且慢，牆上掛著誰的字？村上寫小說常把事物當符號似的順手拈來，懶洋洋的不加詳述，而日本讀者跟他生活在一個屋簷下，都是過來人，心領神會，會心一笑，用不著廢話。可是，我們中國人雖然把他愛得直發蒙，乃至鬧不清自己是小說家還是教祖，卻未必了然於心，例如，相田光男是誰？

於是，你高飛而來，落在成田機場，再乘車到有樂町，走進一座巨船也似的玻璃建築，用自己的人眼在地下一層看見相田光男美術館。

玻璃窗落地，大電視正朝外播映相田光男生前錄影。只見他盤腿在榻榻米上打坐，默想良久，然後一手擎瓢狀容器，裡面是墨汁，一手握筆，如椽，畫了一個圓，再凝視有間，幽幽道：圓裡不是空的，圓融圓滿。那圓畫得又大又圓，墨跡淋漓，顯見有功夫。聽他這麼一說，再看圓裡便彷彿蕩滿了一池清波。

相田於一九九一年病故。在最後的講演中回憶哥哥：日本猖狂搞侵略時二哥被徵入憲兵隊，開赴中國。給他來信，囑咐他看了就燒掉，信中說每天都抓來反日的北大學生，多數第二天就處決。二哥說自己做不來，因為他們也都有父母親。不久二哥上前線，陣亡。大哥也陣亡在緬甸。相田就寫了這樣的話：不管編出什麼樣的理由／戰爭都可惡／因為我在戰爭中失去兩位親人。

中學畢業後，相田跟一位歌人學和歌，在歌會上認識了高福寺住持武井哲應，是只管打坐的曹洞宗，他從此向佛。師父每月講一回道元禪師的《正法眼藏》，相田聽了三十餘年，從不曾缺席。從師學來的人生哲學是「何時何地都完全徹底／拼命活／活的是自己」。二十歲上下開始練書法，練了十來年，舉辦個展，從此靠「自己的話／自己的字」營生。一九七〇年代搞「圓融會」，從事宗教活動，有了點教祖模樣。貧賤時寫道：錢不是人生的全部／但有了方便，沒有就不便／還是方便的好啊。好像後半生就賺了個滿缽，溘逝後兒子開辦相田光男美術館，繼續賺。

忽想，掛在那間旅館辦公室的字可能寫了些什麼呢？試譯幾條相田光男的詩，你來當一把村上春樹，選哪條？

「一條道跑到底／一件事幹到底／觀音菩薩幫助／佛祖保佑／彎曲也一條道／困惑也一件事」

かこ

「人生的目標要是有兩個就困惑／一個的話不會困惑／人生目標就一個好」

「路要自己開闢／路要自己拓展／人家開出來的不會是自己的路」

「那個罷／什麼工作無所謂／一個勁兒埋頭於自己的工作／那姿態都極美」

相田的那種書法寫那種話，確也很班配，自成一家。不過，說老實話，我不覺得他寫得好，自學誠可貴，但至少應該多揣模一下鄭板橋等名家的書法。也不喜歡他寫的那些話，日本叫它詩，格言兮兮賣天真，真不如老老實實抄寫禪師語錄，比如腳下無私皆淨土什麼的。佐高信，一個專愛跟名人作對的評論家，說：相田和相田信徒也許要大叫冤枉，他們完全是在幫著把日本搞壞。至於村上春樹對相田的評價，看他下筆把人家掛在啥地方也就皆知了——情人旅館吧。

圍繞地圖的冒險

村上春樹的小說《圍繞羊的冒險》寫道：

「葬禮的日子我從早稻田乘上都營電車。在快到終點的車站下來，攤開區劃地圖看，可是那地圖只起到地球儀一般的作用，害得我不得不買了幾次煙問了幾回路才找到她家。」

「地球儀」可以看地球是圓的，看陸地像藍色盤子上任人宰割的幾塊牛排，用它來找亞洲之日本之東京的一個電車站附近的住家，那可就英雄無用武之地。因為是球體，也不能一眼看遍全世界，所以要轉動，卓別林演出的大獨裁者就把它玩得滴溜溜轉。據說在十三世紀，伊斯蘭世界製作的地球儀傳入我們的元朝。而今國門洞開，北京的賣場也多見地球儀，有巨大的，景泰藍的，恐怕只宜於裝飾老闆的房間，供他們涵養全球化眼光。話說日本，至晚十六世紀末使節從歐洲給豐臣秀吉帶回地球儀。明治元年，天皇在京都的皇宮舉行即位大典，禮服、飾物都不用中國式的了，改用日本式，紫宸殿南庭還擺設一個大地球儀，但不知是否「雕鏤出手總玲瓏」的日本人自己製作的。

地球儀宏觀微觀都取代不了地圖。我們說地圖，包括了各種各樣的地圖，英語裡卻好像沒有統稱。《圍繞羊的冒險》的「我」去北海道找羊，當然是需要地圖的，所以「我途中進書店買了北海道全圖和一本《北海道的山》，進咖啡館要了兩瓶薑汁汽水邊喝邊看。北海道有很多山，多得難以置信，個個顏色相似，形狀相似。把書上照片的山逐個跟鼠拍攝的山對比，十分鐘左右就頭疼了。」不得不冒險，於是治裝，又「在書店買了那一帶的五萬分之一地圖」。假如用五萬分之一的比例造一個地球儀，它的直徑就得有二百五十五米，龐然如六十多層的大樓。

日本近代地圖繪製奠基人是伊能忠敬，他的故居在千葉縣佐原，離成田國際空港不遠，是一座清靜的水鄉小城。電影導演今村昌平前些日子去世了，他的名作《鰻魚》，那令人難忘的風景就是在佐原拍攝的，烤鰻魚是當地的傳統美食。伊能的故居保存完好，隔一條小河，有伊能忠敬紀念館。他生於一七六二年，五十歲時把家業交給了長子，隻身上江戶學習西洋天文學，這是他的夙願。他說：人只要有夢，繼續往前走，就不需要餘生。從五十六歲到七十二歲，十六年間一步一步沿海岸線測量，行程近四萬公里，井上廈有一本小說寫的就是他，叫《四千萬步之人》，也改編了電影。伊能七十三歲去世，又過了兩年，弟子們完成《大日本沿海輿地全圖》，據說品質不次於西歐地圖。

不過，那時日本人放眼世界還得靠我們的魏源所著《海國圖志》等書。一八七九年日本憑武力吞併琉球，設沖繩縣，這一年有日本人議論魏源：「其憂國之心深矣，然於海外情形未能洞若蓍龜。於先生所言，不免大有逕庭」。先生者，王韜也，在日本人眼裡，他「博學宏才，通當世之務，足跡遍海外，能知宇宙大局」，便出錢邀他渡海東遊。王韜的看法頗與時俱進：魏源那時候「與洋人交際未深，未能洞見其肺腑，然『師長』一說實倡先聲。惜昔日言之而不為，今日為之而猶徒襲皮毛也」。魏源提出「師夷之長技制夷」，日本的佐久間象山學了去，在《省諐錄》中說「以夷之術制夷」，他看出「魏氏之海國圖志中，輯銃炮之說類皆粗漏無稽，如兒童戲嬉之為。凡事不自為之，能得其要領者無之」。日本人好自己動手，因而能夠像孫中山說的那樣，「日本的海軍製造、海軍駕駛不必靠歐洲人，日本的陸軍製造、陸軍運用也可以自己作主」，大概這也是他們終於打敗我大清的本事之一。

日本的精確地圖最初是陸軍繪製的。明治初期日本陸軍學法軍，後來軍制又改學德軍，所以繪製地圖的榜樣也先法後德。戰後由國土地理院繪製，一九八四年完成了二萬五千分之一比例尺的航測地形圖。看地圖很有趣，無須冷眼向洋，伏案或面壁想看哪兒看哪兒。遙想實地，寺廟和神社各有各的符號，郵局的符號是那個兩橫一豎，但是說老實話，我不知道中國地圖上郵局符號什麼樣。上世紀八〇年代來日本，驚奇到處有地圖指南，與人方便，也覺得日本人特別喜歡被導向。又驚歎書店裡旅遊圖書多而精。如今看北京的書店裡旅遊圖書也多了，好像還不夠精，尤其裡面的地圖太簡略，簡直「只起到地球儀一般的作用」。

日本人喜歡細節，漫畫人物連嗓子眼裡的小舌頭也畫出來，小說不泛泛用臨海省靠山村什麼的，實地實景，書一旦暢銷，那裡興許就變成旅遊點。推理小說更常拿細節來填充，好像那作者多麼專業，不由不信他推理能力。以前見過一作家到北京取材，走馬觀花，最大的收穫是找到了一張簡陋的地圖，後來讀他的小說，東南西北，寫得還真像那麼回事。再說村上春樹，《圍繞羊的冒險》這部長篇小說是他歇了喝茶飲酒聽爵士樂的小店從此專事寫作的「冒險」。不知什麼原由，突然想到羊，對，寫一個以羊為主題的小說，就叫作「圍繞羊的冒險」。那時是秋天，書名先行，立馬去北海道取材。他還是頭一回為寫作取材，訪問研究者，調查羊的生態、飼養、歷史等。回來就動筆，開頭與羊無關，寫著寫著羊把故事拉過去，彷彿筆也不由自主了，以致感到「小說畢竟是一種暴力，或者作家鞭打而駕馭小說，或者被它摔下來踐踏。這裡沒有融合或協調的精神，不是白就是黑，不是贏就是輸」。要麼，就像「鼠」那樣，在牧場與進入他體內的羊同歸於盡——我想。

村上春樹很喜歡搞調查，一九八六年他接受採訪，說：

「信息，我喜歡用自己的腳查找自己需要的信息。比如說罷，上學時要開爵士

咖啡館的時候也先是去各處，畫好些地圖。假如想在千駄谷或者下北澤做罷，就去區政府之類的地方，調查車站上車下車的人數。然後去圖書館，讀那個地方好像是歷史的東西，然後做一張空白地圖，用顏色區分各種行業，服務業、飲食零售業……。去市政府的話，能知道收入，知道人口流動。這些全都調查。進各種店，和店主聊天兒，也能打聽到當地信息。這很有意思。大概那個菲力浦．馬羅會厭煩。」

那個牧場在哪裡呢？我一邊喝啤酒一邊查看北海道地圖，村上採訪過的牧場在士別，位於旭川之北，那裡有好多種綿羊是日本其他地方看不到的，肉也沒膻味。士別東邊有一個景點，叫十三瀧，是北海道百景之一，但草深路惡，遊客不大去冒那個險。

文學雜誌

陽春白雪與下里巴人是對立的，被我們看得勢同水火，日本人卻一向能使之並存，例如「純文學」與「大眾文學」。純文學是日本近代文學特有的用語，事到如今，倒像是全靠這稱呼支撐它曲高和寡。純文學作家不是為了吃作家這碗飯才寫作，而是有非寫不可的欲望，不寫就得死，在這一點上是嚴肅的。寫了賣不出去，缺乏商品性，似乎就多了文學性。高產不是純文學的正路，暢銷如村上春樹，他遠非高產作家。或許劃歸自然科學，國家扶植，財團援助，更利於純文學發展。大眾文學起初單指武打小說，其他則統稱通俗小說，這是寫來娛樂讀者的，賣錢是常識。一九七〇年代文學更加媒體化，更加偏重於商品價值，大眾文學又開始叫「娛樂」，來自英語entertainment。大眾文學把讀者當上帝，而純文學作家自己是上帝。在純文學與大眾文學之間走中間道路，叫「中間小說」，其理想是「不墮於通俗，不流於高蹈，為娛樂性小說開新生面，同時也充分發揮近代小說之使命的人生教師作用」。好似日本菜，料理得很有點簡單，或生或烤，一樣樣擺放在形色各異的碟碗裡，細緻化也就複雜化，看上去眼花繚亂——雜誌是擺放文學的碟碗。

所謂「文藝雜誌」專門登載純文學，主要有五種：新潮社的《新潮》（一九〇四年創刊），河出書房新社的《文藝》（一九三三年），文藝春秋的《文學界》（一九三三年），講談社的《群像》（一九四六年），集英社的《昴》（一九七〇年）。據《新潮》一九八〇年代主編說，他那時印數是三千，估計讀者頂多有七、八千。登載大眾文學及中間文學的雜誌通常叫「小說雜誌」，主要是三家：文藝春秋的《萬有讀物》（一九三〇年）、新潮社的《小說新潮》（一九四七年）、講談社的《小說現代》（一九六二年）。上世紀六〇年代是這類雜誌的黃金時代，七〇年代印數還都能維持二十萬冊，此後便一路下滑，而今只有《萬有讀物》雖然近十年下降了一半，但尚未跌下五萬冊。賠錢也要出，有點像保護文物，根由是出版社拿雜誌當招牌，或者時髦地說，是出版社的名片。也虧了這種餓著肚子叼牙籤的武士精神，文學的佳餚才不至於端不上桌面。

文學雜誌受冷落，原因種種，如消閒多樣化。這是文明的流向。當今若有很多閑，而且單是靠讀書來消，恐怕只表明他未能與時俱進。又如，文學雜誌大都是月刊，大三十二開，不適於像大開本時尚雜誌一樣彩印，從形態上看著就落伍。從內容來說，雜誌本應以登載短篇為主，但是自一九七〇年代以降，被當作網羅、存放長篇小說的倉庫，或一舉發表，或分期連載，而讀者習慣於買書讀長篇，尤其是文庫本，廉價便攜，沒有人願意在電車上捧讀厚達三百乃至五百頁的文學雜誌。村上春樹對於雜誌登長篇就發過牢騷，那是他寫了《圍繞羊的冒險》之後：

「這個作品是在《群像》上以一舉刊登全文的形式發表的，但寫作途中換了責任編輯，編輯部的方針也大大變化，作品終於寫成了，但作品的處境，我的處境，說老實話——已經是遙遠過去的事情，狀況也變了，所以我覺得不妨老實地說——記得好像不能說心情很痛快。心境有點像生下一個品質差的醜孩子的母親。當然，雜誌有雜誌的堅定不移的性質或方針，至於我，對那種事毫不在意，不過，那時就有了一個印象，即雜誌這種容器也許只適於短篇或隨筆，不適於做曠日持久的工作。寫長篇小說是實在脆弱的勞作，它往往需要嘔心瀝血般的孤獨的集中力，但一點點瑣事就可能打亂力的平衡。也由於這個原故，從此以後長篇小說全部採取直接出單行本的方式。說來人有各種各樣的情況或工作方法，但是就經驗而言，我覺得自己性格上適合直接出單行本的形式。其他工作全都不做，集中幾個月一氣呵成，然後花時間慢慢推敲，這樣的寫作方式，連載是怎麼也不成的，雜誌一舉刊登全文也覺得好像還要多費一遍工夫。掌握了最適合自己的寫作步調，也正是通過這個小說。」

文學雜誌似不可謂多，但實際上日本有一個特色，那就是其他種類的雜誌也刊登文學作品，好似船舶在雜誌的海洋裡到處浮載著文學，或巨輪，或扁舟，令人感歎日本很文學。尤其是那種綜合雜誌，大概為日本所獨有，大雜燴似的，經濟、社會、文藝、娛樂、哲學等，無所不包。文藝春秋出版社的月刊《文藝春秋》是典型，眼下正綿綿連載宮城谷昌光的歷史小說《三國志》。該社的幾種文學獎在這個雜誌上發表，甚至因發表芥川獎獲獎作品而售罄重印。

文學雜誌還承擔了一個文學使命，那就是挖掘新作家，方法是設獎徵文。山本健吉評論一九五〇年代前半的文學，命名為第三新人，舉出第一個特徵是這群作家幾乎都獲得芥川獎，一舉成名。《群像》雜誌今年又開設大江健三郎獎，當然是純文學獎項，把獲獎作譯成英文，推向世界。《文藝》新人獎去年徵集小說二千二百八十一篇，作者年齡從十一歲到八十七歲，最終是兩名小女生獲獎。各雜誌年年徵文，簡直像一場接一場的文學運動會。獲獎作出版有一定的銷路，所以從出版社全局來看，雜誌到底是賠是賺這筆帳不好算。出版社操作文學獎也就操作著文學。致力於兒童書出版六十年的白楊社另闢戰場，向大人重拳出擊，兩千萬日元懸賞娛樂小說。半年多徵來二千四百七十六篇，要知道，這可是至少稿紙八萬格的長篇。獎金之高破天荒，但願獲獎者不愁衣食三五年，創作出更好的文學來。讀小說的人減少，寫小說的人卻增多，得力於電腦普及，真像是到了誰都想寫的時代，而且說寫就寫。

貓

與狗相比，貓是陰柔的，有點像日本文化。

寫作是孤獨的。有隻貓在書齋相伴，它就像個擺設，或者讓它臥在膝頭摩挲，應該不次於辜鴻銘把弄著三寸金蓮酣暢揮毫，難怪日本作家多鍾情於貓。村上春樹特愛貓。大學讀了七年才畢業，在學期間結婚，開爵士樂咖啡館，並開始養貓。他回憶：「我從此把店搬到千駄谷，在那裡寫小說。工作完了之後，夜裡把貓放在膝上一邊慢慢喝啤酒一邊寫第一個小說，那時的事至今還記得很清楚。貓好像也不喜歡我寫小說，經常蹂躪桌上的稿紙。」養狗一般只用來散步，狗跟作家走，或者作家跟狗走，並拾掇狗屎。照片上川端康成兩眼瞪得如貓似虎，看上去很適於養貓，但他的名作《禽獸》裡只寫了養狗，沒有貓。

村上把他與貓的關係寫得很明白，例如：

「想來這十五年間，家裡一隻貓也沒有的時期只有兩個來月。」

「我這八年來居無定所，幾乎是漂泊海外，因而不能悠然靜心養自家的貓。只好時常逗逗近處的貓，聊以滿足對於貓的如饑似渴。」

「兩隻貓也酣然入睡了。看著貓熟睡的姿態，我總會有鬆一口氣的心情，因為相信至少貓安心睡覺的時候並不會發生特別壞的事情罷。」

在處女作《聽風的歌》裡，調酒師傑伊，他是在美軍基地做過工的中國人，講述了一隻被什麼人弄傷了爪子的貓。雖然取名為「鼠」，聽了居然放下啤酒杯，也認為這對誰都沒有好處，不明白為何如此對待並不幹壞事的貓，正如世上毫無理由的惡意多如山。這與他出身於富家卻憎惡富人是一致的。但還有一個自稱「我」的日本人，「『當然不是要殺死，』我撒了謊，『主要是心理方面的實驗。』但確實我兩個月裡殺死了三十六隻大大小小的貓。」村上在《海邊的卡夫卡》裡也提及此事。這是貓在村上小說中第一次出現，血淋淋的，或許從村上的經歷不妨把這隻貓擬村上化。他走紅之後有一個作家撰文，說過去經常和某作家到爵士咖啡館談文學，原來那個在櫃檯裡低頭忙碌的就是他，話裡便含了惡意。

從三島由紀夫給人的印象來說，那麼女氣的人懷裡抱貓最相宜，牽黃擎蒼就有點裝模做樣，更何況切肚皮自裁。他在小說《午後曳航》中兇殘地殺過貓。行刑者「抓住貓脖子提起來，貓沒有出聲，無力地從他手指垂下來。他點檢了自己的心有否產生憐憫，那只是遠遠地一閃而過，於是安下心來」。他一次又一次把小貓摔到木頭上，「覺得自己變成了了不起的男子漢」。作家在塑造人物的過程中磨礪自身的人格，三島其人更這樣。村上小說幾乎離不開貓，他是用那些貓替他說話，甚而有役使過度之感。淡淡的筆調，彷彿帶一點哀愁，或許只有貓的迷離與慵懶才相配，便有了一種日本味。雖然始終有意跟日本文學保持距離，但村上骨子裡終歸是日本的。即便那種為日本讀者所喜聞樂見的翻譯腔，也畢竟是日文的文體，而且很平易，若離開了日文，毛將焉附。

現實中真的有作家殺貓，而且是女作家。事件發生在二〇〇六年，女作家阪東真砂子給報紙寫隨筆，題為《殺貓崽》，說她讓母貓享受了性交與生產的快樂後，把生下來的小貓崽統統丟到崖下去，以免其煩，結果引來了口誅筆伐，乃至有人鼓動焚她的書，不買她的書。聽說她不曾結婚生育，莫非不懂得雌性還具有撫育下一代的本能快樂？她辯解：「我通過貓看自己，愛撫貓是愛撫自己，所以殺剛剛出生的貓崽時我也在殺自己。」那時她住在法屬塔希提島，當地政府要告她，她說這是壓制言論，她是在考慮對於動物來說，何謂生存。好一派作家話語，有如一口井，往下看黑裡咕咚，就叫作深不可測。

村上的貓也下崽，他（它）們之間的關係已近乎不可思議：「這算是理所當然的罷，貓也有各種各樣的性格，一隻一隻各有想法不同，行動方式不同。現在養的暹羅貓性格非常怪，我不給它握著爪子就不能生。這貓開始陣痛就馬上跳到我膝上，好像喊著號子，用倚靠無腿坐椅似的姿勢坐下不動。我緊緊握住它的雙爪，小貓就一隻又一隻地生出來。看貓下崽真好玩。」好玩之後，不知他如何處理一隻又一隻的小貓崽。村上去歐洲之前把貓託付給出版社編輯，條件是給他寫一部長篇小說，這就是一九八七年出版的《挪威森林》，暢銷得如火如荼。

二〇〇二年出版的《海邊的卡夫卡》徹頭徹尾是貓小說，簡直可以叫「圍繞貓的冒險」。中田這個人物會說貓語，為人找貓撈外快，此日正在找一隻花貓（日文寫作三毛貓，可不是《三毛流浪記》畫的三根毛）。「『你好。』這個已步入老年的男人打招呼。貓略微仰起臉，用低低的聲音費勁兒地還禮。是一隻上年紀的大黑貓。」黑貓是可怕的。竹久夢二畫的大美人，懷裡抱一隻黑貓，和她的黑髮形成一體，每見總有點悚然。中田死了，與他結伴旅行的星野「兩點多鐘望窗外，有一隻肥胖的黑貓登上陽臺欄杆，窺視屋內。青年打開窗戶，跟貓搭話打發時間。『喂，老貓，今天天不錯呀。』『可不是嗎，小星野。』貓回話。『我算是服了。』青年說，還搖了搖頭。」人說貓言，貓說人話，在既現實又不現實的世界，村上寫殺貓比三島由紀夫更為慘烈。中田忍無可忍，殺死那個殺貓收集貓靈魂的雕塑家，實際是幫他實現了死亡的願望。為貓而殺人，我們卻這才鬆了一口氣。本來想計算一下村上小說總共寫了多少隻貓，但讀見雕塑家冰箱裡擺放的貓頭，駭得都忘了數數。

貓通常能讓人安然輕鬆，例如《袋鼠好日》寫道：「冬天結束，春天來了。春天一來，我和她和貓都鬆了一口氣。四月裡鐵路罷了幾天工。一有罷工我們可就真幸福。電車一整天連一輛都不在線路上跑。我跟她抱著貓下到線路上曬太陽，簡直靜得像坐在了湖底。我們年輕，剛結婚，陽光是免費的。」

《國境之南 太陽之西》寫道：「我們在我家客廳的沙發上就那麼死死地擁抱。貓趴在沙發對面的椅子上。我們互相擁抱時它抬眼朝我們瞥了一下，但一聲不吭地伸了個懶腰就又入睡了。」

人之為人，一生下來就要起名，村上在小說中經常給貓起個名字，這是他把貓擬人化的第一步，例如《圍繞羊的冒險》裡的沙丁魚，《發條鳥年代記》裡的青箭魚，《海邊的卡夫卡》裡的大塚、大河、川村。沙丁魚絕不可愛，「我」要去北海道找羊，走前把這隻貓寄養。司機對我說：「怎麼樣，我隨便給它起個名可以嗎？」「完全沒問題呀，叫什麼？」「叫沙丁魚怎麼樣？因為以前把它當沙丁魚一樣對待。」「不壞嘛。」「是罷？」司機很得意。日本人自古瞧不起沙丁魚，把它寫作鰯，武士被罵作沙丁魚是要動刀的。《海邊的卡夫卡》裡咪咪的名字卻是那隻貴婦人似的雌貓自報的，它對人說：「貓的生涯並非那麼牧歌似的。貓是無力的容易受傷的小生物。既沒有龜那樣的甲殼，又沒有鳥那樣的翅膀。不能像鼴鼠那樣鑽進土裡，也不能像變色龍那樣變色。世上的諸位不曉得有多少貓天天慘遭折磨，白白離開了此世。」

這一通貓類自白令人似有所悟，不就是村上最基本的貓觀麼？

走在東京的胡同裡經常有貓出沒，這很像村上的小說。小說主人公常常是「我」，其實那並非村上，貓才是村上本人的分身、替身或化身。貓就是村上，村上就是貓。

井

村上春樹喜歡把自己感興趣的東西翻來覆去寫在小說裡。他對井感興趣。

至於理由，他說過：「為什麼感興趣呢，自己也不很清楚。總覺得有刺激我之處。」

「把誰都知道的事寫成小說，究竟有什麼意義？」小說家哈特菲爾德這樣答記者問，大概村上很贊同這個高見，所以在出世之作《聽風的歌》裡先就給我們講哈特菲爾德的短篇小說《火星的井》。不消說，火星上的事情是我們都不大知道的，就像這位一九〇九出生在美國俄亥俄州又於一九三八年六月的一個晴朗的星期日右手抱著希特勒肖像左手擎傘從一百零二層的帝國大廈飛身而降實現死亡以便在墓碑上銘刻光天化日之下焉知夜的黑暗之深的哈特菲爾德，除了村上春樹，無人知曉。後來我們知道，村上夫人覺得這個小說沒意思，以致他當初想重寫，但迄今印行近兩百萬部，夫人作何感想，我們又不得而知了。村上或許不是姑妄言之，我們也不好姑妄聽之，雖然終歸也不妨妄言妄聽，「那是火星地表挖掘了無數的無底深井一個青年鑽進去的事。井大概是幾萬年前火星人挖的，這一點無疑，但不可思議的是挖這些井全都小心地錯開了水脈。究竟為什麼他們挖這種東西，誰都不知道。實際上火星人除了井之外什麼都沒留下。沒有文字、住宅、食器、鐵、墳、火箭、街市、自動售貨機，也沒有貝殼。只有井。該不該把它叫作文明，地球上的學者苦於判斷，但井確實造得不錯，經過了幾萬年歲月之後也沒掉一塊磚。」這麼一來，「有一天，一個彷徨於宇宙的青年鑽進了井裡。他厭倦了宇宙的廣大，希望人不知鬼不覺地死去。往下降，覺得井一點點舒服起來，奇妙的力量開始溫柔地包裹他身體。」後來他重返地面，光陰似箭，已過去大約十五億年，遠遠比下一盤棋過得快。原來他「穿過的井是沿著時間的扭曲挖掘的」，好似美國電影裡常見的時光隧道，只有風才能無生無死地彷徨於時間，而青年不能彷徨於時間，畢竟也不能彷徨於宇宙，只能內向而自閉，尤其在閉塞的時代。況且人與人不可能互相理解，所謂人，當然也包括其作品，寫作並非求人理解，只不過是自我的延伸，向人畫出自己的邊境。「大氣微微顫動，風笑了。然後，永遠的靜寂又覆蓋了火星的地表。年輕人從口袋裡掏出手槍，槍口抵住太陽穴，輕輕扣扳機。」寂靜中應該有一聲響動，倘若手槍以及子彈跟它們在地球上一樣起作用，那他是死定了，不過，我們地球人無從知道。

我們知道的是《挪威森林》裡也有井，「是啊，她對我說了荒井的事。那種井是否真的存在，我不知道。或者那也許是只存在於她內心的形象，符號，就像她在那些陰暗的日子裡頭腦中編織的其他許多事物一樣。不過，直子說了井以後，我沒有那個井的影子就想不起來草原風景了。在我頭腦裡，並不曾實際見過的井的影子牢牢烙印在風景中，成為不可分離的一部分。我連那井的樣子都能詳細描繪。井位於正好草原已盡雜樹林將始的分界處，草巧妙遮掩了大地赫然豁開的直徑一米左右的黑洞。周圍沒有柵欄，沒有略微加高的石垣，只有那個洞開著口。井沿的石頭被風吹雨打，變成了怪怪的白濁色，裂痕累累，豁牙缺齒。綠色的小蜥蜴刺溜刺溜地鑽進石縫裡。探身望洞中，什麼也看不見。我唯一知道的是它反正深得可怕。深不可測，而且洞中塞滿了黑暗，把世上所有種類的黑暗熬成一鍋的濃濃黑暗。」我們不由地跟著直子說：「那真的、真的很深呀。」倘若掉進這井裡，像直子說的，沒一下子摔斷脖子，就只好一個人慢慢死去。那就修一道護欄罷，可誰找得到它呢。

萬一找到了，我們在《圍繞羊的冒險》中聽她電話裡的聲音就會覺得「很恬靜，但像是從井底響上來的」。

「我」和那個黑服裝穿得過於整潔的男秘書相向，「把小石頭投進無底深井似的沉默持續了片刻。石頭落到底需要三十秒。」

羊們的眼睛也「藍得簡直不自然，好像在臉兩端冒出水來的小井」。「我裹著毛毯，茫然望著黑暗深處，彷彿蹲在深深的井底。」

這些井，村上還只是在井沿上坐坐，到了《發條鳥年代記》，「我」順著繩梯下到了那個翹課的高中女生指示的枯井。一覺醒來，覺得從井底仰望，「通過被限定的視窗，所謂自己這一意識的存在好似跟那些星星被特殊的紐帶牢牢連結著」時，「我忽然想起來，黑暗中伸手找應該掛在井壁上的梯子，可是手沒摸到梯子。仔仔細細大範圍在壁上劃拉，但沒有梯子。在應該有它的地方梯子已不復存在」。於是，整個故事的詮釋就離不開井底了。《發條鳥年代記》是三部曲，每一部都有帶井字的小標題：第一部第四節《高塔與深井，或者遠離諾門檻》，第五節《檸檬糖中毒，不會飛的鳥與乾涸的井》，第二部第九節《井與星星，梯子怎麼消亡了》，第三部第九節《在井底》。村上被稱作文體家，那麼，每一個小標題，小標題的每一個字，都應該是有意為之，井貫穿三部曲。寫《發條鳥年代記》第一、二部的時候，他把覺得多餘的章節砍下來，寫成另一個中篇小說《國境之南 太陽之西》，或許因為把井這個意象在《發條鳥年代記》裡集大成，所以《國境之南 太陽之西》沒出現井。《發條鳥年代記》第二部《關於妊娠的回憶與對話，關於苦痛的實驗性考察》中，「我」在黑暗的井底想：「不要再考慮意識了，考慮考慮更現實的事，考慮考慮肉體所屬的現實世界。為此我來到這裡，為考慮現實。要考慮現實，我認為盡可能遠離現實為好，例如深深的井底這樣的地方。本田說過：『想下到下面時，就下到最深的井

底。』靠著井壁，我慢慢吸進有黴味兒的空氣。」

村上春樹於一九九一年赴美。打車去駐日大使館取簽證，在車上聽到老布希總統下令空襲巴格達的新聞。到了普林斯頓，到處是戰爭的昂奮，電視上卻沒有血、屍體與痛苦的畫面。在這種環境中，村上開始寫《發條鳥年代記》。他說：「假如沒去美國，就在日本寫這個小說，那就會和現在的東西有所不同罷。人生說『假如』是沒用的，雖然完全明白這一點，但我認為這個『假如』那也具有相當大的意義。」這是他第一次正式寫戰爭，各種版本合計印行二百多萬冊。據他夫子自道，《發條鳥年代記》以後的作品「轉向了徐徐失去都市性世故及輕飄的方向」，「在登場人物身上逐漸看到了『與什麼相關』這種意志似的東西」。此作是村上文學的轉捩點，探討暴力之根源何在，不僅內容沉重了，文體也有變，不再是一味的輕巧。這個荒誕故事的線索是妻子突然不知去向，丈夫往來於一九三九年的蒙古、滿洲及現在的東京，執著地尋找。兩部刊行後覺得意猶未盡，不得不寫第三部，於一九九五年夏出版。據說以《發條鳥年代記》為境，亞洲讀者喜歡此前的作品，而歐洲讀者喜歡後來的作品，這就是東方與西方的文化及時代的差異罷。有人說中國與日本相差二十年，似乎我們如火如荼讀村上的現象也可以為證，這現象與其說是文學的，不如說是社會的。

一九八三年村上春樹接受採訪，說到井：

「井，喜歡啊。可不知道為什麼喜歡。小時候用過，我家有。比較那個喜歡土裡面啊。打過去就喜歡挖洞（笑）。一有時間罷，就在我家院子裡，用小鏟子挖洞，孩子的時候。現在也比較喜歡，總在挖。覺得喜歡啊，喜歡進到裡面。

所以就喜歡菊池寬的《恩仇的彼方》罷（笑）。後來不是《第三集中營》，這叫人喜歡（笑）。

再有罷，愛德格·巴勒斯的《地底世界》，拼命挖洞，進入地底世界的故事，喜歡它。《法櫃奇兵》最初的畫面之類的，我看過三遍，沒有那麼有意思的電影啦。就是喜歡洞穴啊。去哪裡，肯定的，看導遊手冊，有洞穴或鐘乳洞就去。」

村上春樹說：「世界包含（由於包含）不解之謎而成立，這是我的基本的世界認識。」他不是寫推理小說，沒有為讀者解謎的「義務」。村上小說也正像一口井，我們知道井是深的，但黑裡咕咚，到底鬧不清怎麼個深法。有時甚至不禁想，說不定那井其實並不深，只因為黑裡咕咚罷了。小說《一九七三年的彈珠玩具》也要「說說井」，說了一大堆：「從車站沿鐵路走五分鐘左右，有打井人的家。那裡是河邊濕漉漉的低地，一到夏天，蚊子和青蛙就把房屋四周重重包圍。打井人五十上下，為人古怪，難以取悅，唯有在挖井上是貨真價實的天才。有人請他挖井，他就先在那家的地界轉悠好幾天，嘟嘟噥噥，用手捧起各處的泥土聞味兒。發現可信地點就叫來幾個同行從地面一直往下挖。由於這個原故，當地的人能喝上好喝的水，沁入心脾。水冰涼澄澈，簡直拿玻璃杯的手都透明了。人們叫它富士雪融水，當然是瞎說，到不了這裡的。」最後說：「我喜歡井。一看見井就投石頭。小石頭擊打深井的水面，再沒有比這聲音更讓人心平氣和的了。」我們讀村上的小說，不也像石頭擊打內心的水面嗎？或者像芭蕉說的，青蛙跳進老池塘，從一聲水響，我們彷彿覺察到村上春樹骨子裡畢竟與日本傳統是一脈相承的。這個小說第一頁就拿井打比方：

「他們就像往枯井裡投石頭什麼的，對我講那些實在是形形色色的話，而且講完就同樣心滿意足地走掉了」。人們把村上小說讀得千奇百怪，也像是往枯井裡投大大小小的石頭，我也投，這就又一塊。

比喻

聽說村上春樹正在寫一個非常長的長篇小說，每天伏案五、六個小時，已一年有餘。令人翹盼，而我想想就覺得有趣的是，他妙語連珠，又將寫出些什麼樣的奇特比喻，而故事倒在其次，即便是可怕的。

村上愛比喻，這是其小說文體的一大特色。

村上小說具有寓言性，幾乎整個是一個隱喻，也頗多意象性比喻，比如井，但最為有趣的還是那些夾在字裡行間的明喻，大都乖巧得出人意外。我們不妨翻一下《世界盡頭與冷酷異境》，觸目皆是：

「她身上長滿了肉，就好像夜間下了大量的無聲的雪。」

「電梯像訓練有素的狗一樣靜靜地等著打開門我上來。」

「胃脹得像海豚的肚子一樣，下腹怎麼也使不上勁兒。」

「陰莖與陰道合成一對，就像是小麵包和香腸吔。」

「話筒那頭沒動靜，把電話嚴嚴實實埋在沙中一樣完全沒動靜。」

「只有酒瓶恰似剛栽的小針葉樹靜靜地排列。」

「響起玻璃粉碎的聲音，和一百來個閃光燈同時打亮似的聲音，三個月前剛買的二十七吋TV像西瓜一樣被砸壞了。」

「他們像剛睡醒的原始生物一樣擋在我前面。」

「在我的像月球背面一般荒廢的小房間裡睡眠也準時襲來。」

「彷彿我的睡眠被價格便宜得一塌糊塗地拍賣。大家輪流來查看舊輪胎一般踢飛我的睡眠。他們不該有幹這種事的權利。我雖然陳舊，但不是舊車。」

「只有鞋底踏雪的聲音像合成音響一般大得不自然，激盪各家的石壁。」

「這話古遠得簡直要出來恐龍了。」

村上春樹總是想得出比喻，千姿百態，例如寫沉默，那種手拿電話不說話的沉默，令人惶惑、緊張乃至於恐懼，被他比喻來比喻去：

「電話鈴響了十五回，然後斷了。鈴死掉了，像重力失去平衡一般深的沉默充溢四周。深而冷的沉默，如同被封閉在冰河裡的五萬年前的石頭。十五回電話鈴使我周圍的空氣發生質變。」（《發條鳥和星期二的女人們》）

「堇在電話那頭長時間沉默不語，有如東部戰線的亡靈們帶進來的凝重的沉默。」（《人造衛星戀人》）

「我把話筒貼在耳朵上，一時什麼也不說。貼得緊緊的，簡直要覺得耳朵黏在話筒上拿不下來。不過，這種狀態持續了十五秒或二十秒之後，在將要發作的極限，彷彿生命的線被拉斷，砰的放下那電話，然後只留下像漂白過頭的內衣一樣不暖和的空空蕩蕩的沉默。」（《羅馬帝國崩潰・一八八一年印第安蜂起・希特勒入侵芬蘭・以及強風世界》）

比喻新穎，把我讀得開心，不由地要問：村上先生，虧你想得出來，那些別出心裁的比喻到底怎麼想出來的呢？

這位幾年前經常在網上跟讀者打交道的小說家回答：

「比喻這東西在寫的過程中很自然地順順溜溜就出來了。『好，該比喻啦』，恐怕太擺架勢可不行。我不曾覺得自己比喻多麼好。我想，『把各種事情寫得易懂點，有點實感』，總之，大概對讀的人抱有這種好心，便形成了比喻的形式。『讓人讚歎，佩服』，是本末倒置，用這樣的動機似乎難以想出好東西。」

又說：「不過是一般的語言羅列，那沒有說服力。要用比喻來說服，誘勸。拿出對方想像不到的、不強加於人的新鮮比喻，使對方嚇一跳，加以勸導。用俗話說，拉上床。」

這番話教人絕望，我等做不到的不就是「自然地順順溜溜就出來」嗎？雖說是枯腸，其中也像有那些詞語或意念，但抓耳搔腮，就是拉扯不到一塊兒，他卻能順手拈來，得來全不費工夫。一說比喻，很自然地想到錢鍾書，他玩比喻於股掌之上，似乎比村上更老到。錢鍾書評論蘇軾，說「他在風格上的大特色是比喻的豐富、新鮮和貼切，而且在他的詩裡還看得到宋代講究散文的人所謂『博喻』或者西洋人所稱道的莎士比亞式比喻，一連串把五花八門的形象來表達一件事物的一個方面或一種狀態。這種描寫和襯托的方法彷彿是採用了舊小說裡講的『車輪戰法』，連一接二的搞得那件事物應接不暇，本相畢現，降伏在詩人的筆下。」那麼，比喻怎樣才新鮮呢？錢鍾書也有所指教，即「不同處愈多愈大，則相同處愈有烘托；分得愈遠，則合得愈出人意表，比喻就愈新穎」。我們來看看村上春樹是如何出人意表的。

「你有多麼喜歡我？」綠問。

「全世界森林的老虎都溶化成黃油那麼喜歡。」我說。（《挪威的森林》）

「特喜歡你吔，綠。」

「有多麼喜歡？」

「春天的熊那般喜歡呀。」

「春天的熊？」綠又仰起臉。「那是什麼呀，春天的熊？」

「你一個人走在春天的原野上，對面來了一隻毛像天鵝絨、眼睛圓圓的可愛的小熊，這麼對你說啦，說：你好，小姐，和我一起打滾罷。然後你和小熊抱在一塊兒，在長滿三葉草的斜坡上骨碌碌打滾，玩了一整天。不錯罷？」

「真不錯。」

「就這麼喜歡你。」（《挪威的森林》）

確乎出人意表，不過，也有點莫名其妙，老虎溶化成黃油，和小熊抱在一塊兒打滾，到底怎麼個喜歡呢？或許出人意表就在這似懂非懂之間罷。村上的文字極淺白，童叟無欺，但淺白的手帕底下有戲法，讀來時常就不知所云，也就是日本人愛說的，語言明瞭，意思不明。可能本不該探究到底講了些什麼，但小說畢竟不是詩，更不是皇帝的新衣。讀者抱怨讀不懂，村上向來是好言勸慰，不要管邏輯啦，只當作故事讀。其實，他行文好似一邊走路一邊採野花，比喻有時把本來很簡單的事體弄複雜，誘人猜想那似有還無的醉翁之意。例如《袋鼠好天》，簡單之極的小短篇，只是寫小倆口去動物園看袋鼠這點事（後來又大幅修改，結尾她說在哪兒喝啤酒，變成她要去看馬來熊），但弄了幾個比喻，「『已經不是小寶寶了。』她重複說，就像歷史學家重複史觀」，父親袋鼠「用才能枯竭的作曲家似的表情凝視著飼料箱裡的綠葉」，小說便神秘兮兮，彷彿罩上一層霧，霧裡看花，這正是村上文體。這些比喻類似錢鍾書的「她眼睛並不頂大，或是靈活溫柔，反襯得許多女人的大眼睛只像政治家講的大話，大而無當」。若說他們的不同，我覺得錢鍾書的比喻常常是帶刺的玫瑰，而村上如一樹櫻花，基本是平和的，就像他那張中學生似的臉孔。語含諷刺，最常用的手法是以性作比（淫喻？）。不該正經的人講正經話，人們會覺得可笑，好像看小丑表演，而公認正經的人一旦講不正經的話，人們便覺得他是在嘲弄了。村上文學很色情，說穿了，不少人為此而捧讀。正因為色情，依「分得愈遠，則合得愈出人意表，比喻就愈新穎」之原則，他很少用淫喻，不必往錦簇堆裡再加花，而是更常用近乎無動於衷的腔調來講性，一副閱盡人間春色的或者哲學家的模樣。諸如，

「做愛是極其微妙的行為，跟星期日去商店買暖瓶是兩回事。」（《世界盡頭與冷酷異境》）

「我想起以前做愛像山火一樣不花錢。」（《避雨》）

「好像有一種傾向，越跟如此之多的女人睡，人就越變得學術性。性交本身的愉悅隨之一點點減退。性欲本身當然沒有學術性，性欲沿著適當的水路走，那裡就產生性交的瀑布，其結果走到充滿某種學術性的深潭，不久，像巴甫洛夫的狗那樣形成從性欲直奔深潭這一意識回路。」（《世界盡頭與冷酷異境》）

說是分得遠，卻不可遊山玩水地一路走過來，而要像孫悟空一個筋斗十萬八千里那樣省略中間環節，才出人意表。村上春樹為我們創作了一個實例：

「做愛、性行為、性交、交媾、其他也都無妨，從這些詞、行為、現象我想像

的總是冬天的博物館。當然，從做愛到冬天的博物館有一點距離。換乘幾次地鐵，穿過高樓的地下，在哪裡把季節讓過去，要費這些工夫。但這樣的麻煩只開頭略有幾次，這種意識回路的距離一旦熟習了，誰都能一下子就走到冬天的博物館。」（《三個德國幻想》）

說到這裡，又想起楊絳，她當然最懂錢鍾書，所以她說比喻時可能是想到錢鍾書的。她這麼說：「比喻不是論斷。」「比喻只是比喻。比喻只有助於表達一個意思，並不能判定事物的是非虛實。」可是，有些比喻過於新鮮，讓人摸不著頭腦，村上春樹當然也清楚這一點，所以，他讓堇說：「比喻的細節還有一點不能充分理解，那就是說非常寂寞嗎？」又借「我」的口揭示，比喻為的是「故事獲得魔術性」。堇是小說《人造衛星戀人》中的三個主要人物之一，此小說是這樣起頭的：

「二十二歲的春天，堇有生以來第一次墮入戀愛，在廣闊平原上筆直地突飛猛進的龍捲風似的激烈戀愛。它一個不剩地推倒前方的有形之物，從一端捲上天空，蠻橫地撕碎，擊潰得體無完膚。又毫不減弱地吹過海洋，無慈悲地摧毀吳哥窟，把印度森林連同一群可憐的老虎用灼熱燒光，化作波斯沙漠的沙暴使帶有異國情調的城堡整個掩埋在沙裡。完全是紀念碑式的戀愛。墮入戀愛的對方比堇大十七歲，已婚。再補充一句，是女性。這是一切事情開始之處，（幾乎）是一切事情結束之處。」

這真是車輪戰法的比喻，也大有潑婦罵街之勢，讀者簡直要抱頭鼠竄。比喻太豐富則不免喧賓奪主，使人走神，讀起來故事連不成一氣。村上也認為比喻是文章的佐料，過多會令人生厭。日常會話他也愛打比方，以致夫人發怒，「不要對我也一個又一個地說那些討人歡心的比喻」。大概被夫人封口，他就更把小說當作用武之地，乃至氾濫。村上費時四年寫完《發條鳥年代記》，小說的能量近乎耗盡，所以也當作休耕，之後好些年只寫非小說作品。但天生一個小說家，精神和身體又自然而然地鼓起寫小說的欲望，於是從抽屜來拿出一張稿紙，上面是短短的散文。他總是這樣，突然有了什麼想法就寫下來，然後放進抽屜裡，說不定哪一天拿出來就接著寫，但也可能寫不下去，甚至丟進垃圾箱。這次他拿出的散文就是《人造衛星戀人》的開頭，並不考慮故事怎麼樣展開，簡直像描紅，那故事是稿紙上早就有的，一瀉千里。他說：「我寫這個《人造衛星戀人》之際下定了一個決心，要告別自己以前一直採用的——換言之，當作武器使用的——某種文體。具體地說，我要訣別的也許就是如這部小說開頭的文字所見的『比喻氾濫』似的東西。我決心在《人造衛星戀人》中把這種我的文章具有的幾個修辭特徵能表現都表現完。趕緊把這些東西全甩出去，以後寫以後文體有點不一樣的。」

村上按艦隊的說法把自己的小說分為戰列艦、巡洋艦、驅逐艦，長篇小說是戰列艦，短篇是驅逐艦，而《人造衛星戀人》算作中篇或比較短的長篇，是巡洋艦。對於村上來說，寫中篇小說完全是個人的，也是實驗性的，基本上純粹享受寫小說的快樂。這部小說之後，他努力把小說的生動由文體水準逐漸移向故事水準。《人造衛星戀人》中還有一句話：「所謂理解，常常不過是誤解的總體。」比喻有時也造成誤解。我們好像理解了，理解了什麼呢？

1Q84的新人獎

說到日本文學獎，我們驚其多，不過，數量固然多，似乎更值得一說的是其中的新人獎。單說純文學的，例如文學界新人獎、群像新人文學獎、文藝獎、新潮新人獎、昴新人獎，這些新人獎由出版社主辦，用以發掘新作家。說得難聽點，是出版社製造作家的機器，往好裡說，那是當作家的龍門。鯉魚們擠擠插插，一旦跳過去就成龍，身價十倍，似乎惟其日本才會有這樣的現象。

要說新人獎，正好時髦地扯上村上春樹的《1Q84》，這部小說裡整個有一個新人獎的故事。村上仍然用老手法，兩條線交錯進行，一條搞暗殺，有點像美國電影，主人公姓青豆，另一條寫小說，主人公叫天吾，而兩條線牽連著一個現代教團，教主深田保帶了些歐姆真理教那個該死的教主的影子。天吾是數學教師，渴望當作家，應徵新人獎。深田保的女兒深田繪里子患有誦讀障礙症，十歲從父母身邊逃離，十七歲寫小說《空氣繭》應徵。編輯小松覺得有意思，但文筆稚拙，於是讓天吾來捉刀改寫，繪里子獲得新人獎。「空氣繭」是另一個世界的小人用我們這個世界的空氣抽絲做成的，最後天吾剖開繭，裡面躺著十歲的青豆。又忽焉不見，天吾發誓去尋找。村上的故事總是在找什麼，尋尋覓覓，就還得寫續篇。

日本出版向來不採取投稿或者自來稿的方式。像島田雅彥那樣讀大三的時候自己找上門，稿子居然被著名編輯寺田博一眼看中，實屬罕見。他獲得野間文藝新人獎，但六度入圍芥川獎，終未如願，以致對該獎深惡痛絕。島田和高橋源一郎被視為後現代主義文學的旗手。高橋起初應徵群像新人文學獎鎩羽，編輯鼓動他再勵，一轉年獲得群像新人長篇小說獎。以前當作家的途徑通常是先在同仁雜誌上修練，一旦被有名的作家或評論家垂青，便得以出道，但現在走上文壇的入口主要是新人獎。

新人獎大都是徵文。拜電腦、手機之賜，「寫」已然是人們的日常，作文越來越容易，不小心就弄出一部小說來，二〇〇七年應徵文藝獎的稿件多達二一二八篇，昴新人獎為一九六一篇。小說家森村誠一說：新人獎不是考試，但作為龍門那可是再窄不過的了。從成百上千的應徵作品中篩選一篇，頂多兩篇。不論什麼樣的傑作，即便有才能，如果跟負責初選的人的感性不合，第一關就會被刷下來，所以新人獎是才氣加運氣。文體無固定標準，初出茅廬時被譏誚為惡文，卻也有就那麼作為獨特的文體而定型，甚而被追捧。

新人獎沒有年齡限制，應徵自然年輕人居多。島田雅彥看不上同樣未榮獲芥川獎的村上春樹，說他是「無聊的幻想小說」，「對大捧俵萬智、村上春樹的文化風濕病狀態要痛加一擊」，但村上筆下讓十七歲少女獲獎卻不是幻想，取材於事實，那就是綿矢莉莎。二〇〇一年她十七歲獲得文藝獎，而二〇〇五年和青山七惠同時獲獎的三並夏才十五歲。從小學開始寫小說的島本理生二〇〇三年獲得野間文藝新人獎，芳齡二十。得主的年齡被當作話題，並非始於今日。一九五六年石原慎太郎獲獎，話題之一就是他還在讀大學，造成芥川獎社會效應。繼他之後，大江健三郎、丸山健二、平野啟一郎、青山七惠都是二十三歲獲獎，而二〇〇四年綿矢莉莎和金原瞳刷新紀錄，十九、二十便獲獎。只怕好些人不是讀文學，而是要窺視在媒體上大亮其相的少女寫了些什麼。江戶時代武士十五歲就算成人了，明治年間向歐美看齊，民法規定二十歲成人，延用至今，近來正議論改為十八歲，早早替自己負責。低齡化是人類史走向，如今十七、八歲做出什麼來似乎都不足為怪。

芥川獎也是新人獎，所以阿部重和出道十年，獲此獎就不免心情複雜，簡直像是對他這十年筆墨耕耘的否定。村上春樹一九七九年以《聽風的歌》獲群像新人文學獎，一九八二年又以《圍繞羊的冒險》獲野間文藝新人獎，後來芥川獎不再考慮他，一個藉口就是他已非新手。芥川獎創設七十餘年，獨具影響，便坐上新人獎的龍頭老大。其他新人獎甘居下游，各出版社好似選拔運動員，然後有專人負責培養，寫什麼，怎麼寫，送去參賽芥川獎，獎到手就成為花柳街的花魁，相撲界的橫綱。上世紀八〇年代又興辦了一個三島由紀夫獎，跟芥川獎別苗頭，雖資歷尚淺，卻已經

位居亞軍。多而有序，文學獎形成了一種制度，當上評委便儼然一文壇政治的大老。從文學批評來說，評獎也凌駕於評論之上。

文學獎是出版對文學的仁義和貢獻，可出版社不是慈善事業，說穿了設獎不是為文學，而是為宣傳，為賣錢，也是編輯操縱文學的手段。現今的文化是速食文化，出版也是速食出版，不會有人等著你構思巨帙，推敲鴻篇。出兩三本書不見銷路，獲獎作家就會被拋棄，再另選新人。小說家北方謙三說：給新手開的門戶太多了，獲獎後存活下來的，三十人裡也就一兩個。

不少人對文學獎表示失望，例如小說家奧泉光，他說新聞與批評鬧著彆扭攜手的時代已經過去了，歸根結柢，文學獎屬於新聞，不屬於批評。還有個松浦壽輝說：未必限於芥川獎，不問日本或外國，文學獎評委裡混了很多不可救藥的傻瓜，所以無聊的作品獲獎而優秀作品落選的事經常發生。文學獎跟文學完全沒關係。要而言之，那不過是為數甚多的人生的社交性娛樂之一。對人生的社交性娛樂沒興趣的卡夫卡當然不會管什麼文學獎，而普魯斯特一門心思要得到龔古爾獎，結果以《在少女花影下》得到了，可是，這種事對於他們的傑作，對於今天讀它的我們究竟有什麼意義呢？

但話說眼下，文學獎還是一塊蠻不錯的敲開文壇大門的磚。松浦以評論獲得三島由紀夫獎，又以小說獲得芥川獎，已可以拋掉敲門磚，當然不妨說說這種話。

《1Q84》的Q很像繭，作繭自縛，卻也為了飛。

從《古事記》到《女神記》

經濟全球化，出版也不能置身其外，譬如「新編世界神話」計畫，就是由一位英國出版人二〇〇五年發起，三十二個國家的三十四家出版社聯手行動，約本國代表性作家重述古老神話，在全世界出版各種語版。拿神話編新故事，魯迅的《故事新編》也堪為先例。從神話或民間故事取材更是日本作家常用的手法，例如大江健三郎，很愛寫故鄉森林的傳說。誠如發起人所言，「神話是一切故事的源頭」，但何謂神話，似乎該計畫沒有界定。女媧補天是神話，孟姜女哭倒長城應屬於民間故事，這民間二字往往便暗含反抗非民間即統治階級的意味。神話具有功用性，應邀執筆的作家也著眼於此，認為單靠理性與科學不能解決現代社會的所有問題，如何面對困難，可以獲啟於神話。被重述一新，實質上不再是古來流傳的神話。

「新編世界神話」的日本「選手」是女作家桐野夏生。她說：「想像力培育愛，創造新神話在這一意義上是有益的，神話就是人想像力結晶故事之母。」

桐野的神話取自日本現存第一部史書《古事記》。

七世紀後半，大海人皇子平息了壬申之亂，登基為天武天皇。他認為傳承的帝紀、舊辭虛偽不實，便「削偽定實」，令「為人聰明，度目誦口，拂耳勒心」的稗田阿禮誦習。過了三十多年，元明女帝詔太安萬侶（一九七九年在奈良出土了他的墓誌）用文字撰錄阿禮所誦，於七一二年編成《古事記》三卷。是年，大海彼岸的中國，李隆基即位，開大唐盛世。八年後，拿中國編年體史書作樣本，用正規的漢文撰修《日本書紀》三十卷，以此為正史，而《古事記》要待到江戶時代，探究儒學佛教傳來以前的日本固有文化及精神的國學勃興才得到青睞。

《古事記》滿紙漢字，但有的用其義，有的取其音，表記日本語，即所謂變體漢文，極為難解。書中第一位天皇叫「神倭伊波禮毗古」，《日本書紀》寫作「神日本盤餘彥」——盤餘可能是都城，彥（讀若日子）是男子的美稱。奈良時代貴族們覺得這麼一長串日本名字不好看，命一個叫淡海三船（天智天皇五世孫）的學者照中國改，給古代天皇都取了兩個字的美名，這位就稱作神武天皇。

神武天皇之前為神代，也就是神話時代，之後為人代。《日本書紀》記載神武天皇於西元前六六〇年二月十一日踐祚，明治初年定此日為紀元節，戰敗後廢除，一九六六年恢復，改稱建國紀念日。《古事記》神話不含有史實，也不是民眾的神話，天孫降臨、神武東征之類的建國神話其實是後世有意編造的，以證明天皇統治日本的正當性。日本神話也因之有一大特色，那就是完整，首尾俱全，不像中國神話散見於典籍，東鱗西爪。

神祇八百萬，天地初始時最先出現的元始之神是「天之御中主」，它是獨神，不具有性。神世七代，最後出現「伊耶那岐」和「伊耶那美」（《日本書紀》寫作「伊奘諾尊」、「伊奘冉尊」），這二神成形，一個有一處多出來，一個有一處沒合上，也就是一女一男，為性交之始。有人說「伊耶那」的意思源於引誘，女神伊耶那美先引誘，生下殘障兒，改為男神伊耶那岐先引誘，生下一塊塊國土「大八島」（日本列島），以及山川草木等自然之神。伊耶那美生火神時被燒傷，命赴黃泉，伊耶那岐要把她領回來。伊耶那美已吃了黃泉國的食物，嘗試復生，告誡伊耶那岐「請勿視吾」。伊耶那岐忍不住偷看——所以，偷窺始於神——但見一具生蛆的屍體，嚇得逃離。惱羞成怒的伊耶那美派眾雷神追趕。在陰間與陽世的境界「黃泉比良阪」，伊耶那岐摘下三個桃子，擊退了追兵。伊耶那美親自追來，伊耶那岐用巨石阻斷黃泉比良阪，夫婦絕緣。伊耶那美說：我每天絞殺你國中一千人。伊耶那岐說：那我就每天生產一千五百人。

這神話讓我們不由地聯想魏晉志怪小說，那些超然往來於生死時空的故事。例如相信「神道之不誣」的《搜神記》，講一個叫談生的漢朝讀書人，中年未娶，竟然有美少女自動上門，但他不聽話，夜半舉燭，照見嬌妻下半身原來是枯骨，從此生死兩隔，有如黃泉比良阪被巨岩隔斷。《古事記》指明黃泉比良阪所在，即「今出雲國之伊賦夜阪」，但黃泉本來是中國民間信仰，或許此類故事早在卑彌呼時代就傳入日本，演變為大和民族的神話。關於桃子，《日本書紀》明言「此用桃避鬼之緣也」，日本研究者認為桃子從中國傳來，也隨之傳來了附著其上的道教思想。

《古事記》基本是記述日本傳承，收入很多歌謠，比較有文學色彩，中國影響不明顯。《日本書紀》的神話世界卻是以來自中國的陰陽思想為基礎而建構的，「古天地未剖，陰陽不分」，「乾坤之道，相參而化，所以成此男女」，云云。伊耶那岐是陽神，伊耶那美是陰神，相對而相成，所以伊耶那美在《日本書紀》中沒有死。桐野夏生的《女神記》重述《古事記》神話，用陰陽說編排故事，神與人並死，死生玄通。主人公波間的家鄉是海蛇島，這小島在大和國遙遠之南，是太陽最早升起的地方。島上有陳規：生在大巫女家，與巫女隔一代的長女事光明之國，守護島的白晝，次女事幽冥之國，守護島的黑夜。島的黑夜是死人們居住的世界。長女要生女兒，不絕大巫女血統，次女則限於一代，不許跟男性交媾。波間就生在大巫女世家，上有姐姐加美空。受真人誘惑，波間違犯島規，並隨他出逃，在海上生下女兒夜宵。波間被真人扼殺，魂落黃泉國，侍奉伊耶那美。女神告訴她：最初世界分成天和地，然後一切都分成兩個，一點點形成世界。天與地，男與女，生與死，晝與夜，明與暗，陽與陰，為什麼分成兩個呢？因為只一個不夠，合二而一才生出新東西。而且，一個的價值靠相反的價值來顯現，雙方俱在才產生意義。這一套陰陽之說把人世與神界統一起來，波間的意識也藉以昇華、完成，不至於遊魂般無所著落。

《古事記》神話的魅力也在於眾神帶有人情味，桐野筆下的伊耶那美就是個完全被怨恨支配的女神，當失去愛情時，她覺得以往的創造也只是徒勞。黃泉國裡人神共處，更像是相依為命。死不瞑目的人才來到黃泉國，波間死後也一心要瞭解真人扼殺她的真正意圖，不顧二次死亡，化作黃蜂飛回海蛇島。得知真人從頭到尾利用她，拯救了被詛咒的家庭，並且娶加美空為妻，波間由愛生恨，奮身螫死他。

波間施加了報復，卻嘗到另一種空虛。即使殺死了對方，憎恨和憤怒也不會消失。怨恨的感情一旦點燃，就難以熄滅。不過，人的情感終究是多變的，尤其在達到目的之後。真人不僅殺死她，還把本該是陽的親生女兒頂替為陰的幽冥巫女，並導致加美空投海自殺，對這樣的惡靈，波間也幾乎要化解怨恨，然而神是某一種感情的化身，不可能改變。上帝不寬恕，人類就永遠贖罪。

「波間，妳的怨恨消失了嗎？」

「不知道，女神的怨恨呢？」

「絕不可能消失。謳歌生之快樂的人不會明白被趕進黃泉國的人的心情。今後也抱怨懷恨，把他們殺光。」

伊耶那美和伊耶那岐是陰陽一對，他們曾共同創造萬物，然後分管生死，都成為大神。黃泉污穢地，伊耶那岐生還後用水洗淨，修禊事也，從左眼生出天皇家祖神天照大神。潔與穢，界定並隔絕生死，這個陰陽觀念是神道的根基，也貫穿《女神記》。小說裡的伊耶那岐在世間生產人，感受到神不能死的痛苦，最終用殺死人的方法使自己變成人。神變成人，有了生老病死，才能理解人，才能愛戀人。但作為人的伊耶那岐死在了伊耶那美的面前，陰陽平衡被破壞，今後就只有伊耶那美依舊潑黑水，世上每天死掉一千人。

桐野夏生生於一九五〇年，二十四歲結婚，懷孕時開始寫小說，以推理出名，一九九九年獲得直木獎。二〇〇八年出版《女神記》，獲得第十九屆紫式部文學獎（宇治市主辦）。想作為小說家轟轟烈烈地活，漂漂亮亮地死。

日語將消亡

水村美苗說：「我平常是謙虛的小市民，寫小說時也謙虛，但是寫這次出版的《日語消亡時：在英語世紀中》，從開始就沒有謙虛的心情。」

她是小說家，一九九〇年出版小說《續明暗》一舉成名，此後又寫了兩本，也接連獲獎，看來相當有實力。這本不謙虛的評論性隨筆出版於二〇〇八年十月，又得了小林秀雄獎。水村稱之為「憂國之書」。人正得意，怎麼憂起國來了呢？她寫道：

「日本人住在被海圍繞的島國，不必抱有自己的語言說不定消亡之類的危機感，連綿地生存下來。然而，現今闖進了英語這種『普遍語』通過網際網路，翻山越海，在全世界橫飛的時代。二十一世紀英語圈外的所有人都被置於自己的語言從『國語』淪落為『現地語』的危機。儘管如此，日本人，包括文部科學省在內，卻懵懂地活在英語多些、再多些的大合唱之中。」

人類語言的歷史是混沌而錯綜的，水村美苗用普遍語、國語、現地語這三個中心概念來梳理，亦即把語言分為三個類型，構成三個層次。普遍語居上，它是向世界敞開的語言，如拉丁語、阿拉伯語、漢語，普遍至極的，那就是數學語言。普遍語是書面語，蓄積人類智慧，所以求取智慧的人讀普遍語，寫普遍語，用普遍語向盡可能多的人做學問。現地語處於最下位，是人們過日子使用的口語俗語，通常也就是自然掌握的母語，即便有書面語，也基本上屬於無教養人群。水村批評著有《想像共同體》一書的安德森，他母語是英語，便無視英語乃是普遍語的存在，鼓吹多語言主義，簡直是「身在福中不知福」。

所謂國語，是翻譯普遍語而成的語言，國民認作自己的語言。日語之所以能夠在明治維新以後立馬確立為國語，有兩個條件：其一，日語雖然不過是漢文圈的現地語，但在翻譯普遍語漢文的行為中產生書面語，並且在日本人的文字生活中成熟；其二，明治維新以前日本已經存在安德森所說的印刷資本主義，書面語廣為流通。倘若再舉出一個條件，那就是日本未變成西方列強的殖民地。於是，通過福澤諭吉等眾多能閱讀另一種語言的人的翻譯，日語變形為國語，又成為能夠寫小說的語言。日本文學「把那麼多樣的文字和文學傳統混和，並清晰地留下各自的歷史痕跡，就我所知，這樣的文學在西洋文學裡找不到」。當國語達到了高度，不懂另一種語言的人也能寫作具有世界性的文學。

然而，網際網路時代降臨了，英語日益成為人類有史以來最大的普遍語，覆蓋全世界。越是求取智慧的菁英，越心向普遍語。學術論文用英語寫，甚至日本文學、日本歷史的論文也要用英語寫，用英語寫評價高，用日文寫評價低。一百年前，日本的大學充當巨大的翻譯機構，使日語變成國語，而現在越是好大學越用英語講課，越是菁英越要用英語做學問。長此以往，國語就可能淪落為現地語。水村美苗焉能不忡忡憂心，起而疾呼。

因父親的工作關係，她十二歲時隨家移居紐約，在耶魯大學攻讀法國文學，以這樣的經歷憂患日語，驚叫起來也格外驚人。對日語及日本文學的熱愛與執著，似源於當初對美國格格不入，讀《現代日本文學全集》度過少女時代。而母親居住美國二十年，不睬英語，用日語寫，她「每讀母親的文章都感到日本近現代文學的豐富」。真明白日本文學的好壞，是能讀日語的人才擁有的特權，被歐美說好說壞並沒有意義。她在英語博客上自我介紹是「用日語寫現代日本文學的小說家」。她通曉英語和法語，因而不至於被譏為酸葡萄，大概也不會被降為一般的國語民族主義者、國語保守主義者。

如何避免日語消亡呢？再凡庸不過了，那就是靠學校的英語教育。可以有三個方針：1.變國語為英語；2.全體國民能說兩種語言；3.一部分國民能說兩種語言。1.是歷史上做過的夢，似不堪回首。近年朝日新聞主筆船橋洋一挑頭提倡把英語作為第二公用語，實質就是2.，雖然也出於憂國之心，但水村予以批判。她主張，在英語世紀中避免語言上孤立，道路唯有3.，別無選擇。

會外語的人有兩類：能讀另一種語言的人，能說兩種語言的人。對於不是以普遍語為母語的人來說，重要的不是能說，而是能夠讀普遍語。能讀另一種語言的人輩出，翻譯書增多，就不必為大體上瞭解世界發生什麼而直接讀外語。縱然有全球的文化商品，也不會有真正全球的文學。全球文化商品只能是在真正意義上不需要語言的東西，不需要翻譯的東西，最具代表性的就是好萊塢電影。

水村以續寫夏目漱石的小說《明暗》出道，在這本隨筆中也隨處以他為據。她懸想，漱石若出生在今天，那麼，四分之一世紀之後的世界，非西方學者用英語寫作比今天更是常識，他怎麼辦呢？那時他詛咒自己以距離英語太遠的語言為母語的命運，嫉妒以英語為母語的幸運，卻不得不把人生的相當多時間拿來跟英語搏鬥。可是，用英語寫讓他感到難以自拔的孤獨，對所寫不會滿足。就是說，四分之一世紀以後的漱石還是要用日語寫，寫文學。

求取智慧的菁英被吸進英語的趨勢是無法阻止的，但現在還可以重新選擇，水村美苗在全書的末尾寫道：「即便那樣，假如日語也處於消亡的命運，那麼我們能做的，就只有正視其過程，如同能正視自己死去是人的精神的證明。」

——說得好悲壯。

後記

出書寫後記，是要對讀者有一個交待，也不免替自己做一些辯解。先交待「日和見」。

——在電腦上打出兩行字，座椅猛地搖晃起來。僑居二十餘年，對地震習以為常，繼續往下寫，卻愈搖愈烈，而且有一種扭動的感覺。吊燈擺盪，書從架上劈哩啪啦掉下來，這可是頭一遭。幾年前發生豆腐渣設計事件，所居樓房也特意檢查了防震程度，應該抗得住，但這麼強烈的地震接二連三，不由地心驚。時間是二〇一一年三月十一日，太陽已偏西。

看電視才知道震災之嚴重。引發的海嘯把船舶涌上岸，飛機浮起來，房屋浩浩蕩蕩地漂移，遇到障礙便碎為齏粉，足見那海水沖盪的力量，停車場上的汽車猶如被大手劃拉的滿桌麻將牌。走下八層樓，查看住居周圍：地面噴泥沙，信號燈不亮，道路寸斷；寸斷是日本說法，他們常說中國人愛誇張，白髮三千丈，但寸斷也未免言過其實，充其量丈斷。這一大片地方是從東京灣裡填出來的，據說下面被震成液態。上水道損壞，斷水，海上自衛隊用艦船送水，這是我第一次跟日本兵零距離接觸。去商店買水桶，售罄，看來很多人家像我一樣未防備。又去買手電筒，只剩下一種最貴的，這種時候買不買，價錢仍然是一個考量。上樓下樓打了十天水，深感生命在於運動。最鬧心的卻是人為的，福島核電站發生事故，束手無策的模樣令人惶惶不可終日。人們往西逃，外國人蜂擁離開日本，據統計，三月十二日至四月八日之間出走五十三萬人。走了廚師，走了跑堂的，好些中華料理店歇業，只剩下老闆為房租叫苦不迭。

日子過得膽戰，膽戰的日子也得過，過著過著事情就開始過去，不遠處的迪士尼樂園重新響起了歡樂，我也接著交待「日和見」。

這個日本詞的本義是看天，看天氣好壞。日本人重視天氣，見面少不了今天天氣哈哈哈。有這類套話很便利寒暄，避免了相視一笑或者被問及行蹤的尷尬。人類如今也只能預測用各種手段看得見的天氣，像這次東日本大地震，說是「想定外」。地震、海嘯是造化要修改自己的作品罷，基本結構沒有變，天照樣暖，花照樣開。東京都副知事說：不妨賞花，不妨喝酒，自慎過頭就冷卻消費，但也要想想東京的火葬場正燒著從災區運來的屍體。這位副知事是作家，而知事石原慎太郎作為文學家更著名，他說海嘯是天譴，好好滌蕩一下日本人橫流的私慾。

那麼，辯解點甚麼呢？

以前某先生讀了我的作文，說我「頗有經過文革的人士所慣有的行文的『痞子味』」。這個批評是對的。說話作文有腔調，人所難免，也許即所謂文體。日本電視上有一位戰地攝影家走紅，不是因攝影，而是他說話慢條斯理的腔調，聽多了就變成裝腔作勢，引起了反感。村上春樹說過，重讀自己寫的東西好像聞自己脫下來的臭襪子，我重讀確實聞到了一股痞子味。我不唱卡拉OK，文革年代也不跟著唱語錄歌，簡直像元祖「宅男」，地道逍遙派。之所以逍遙，有一點天生，有點學魏晉人物，也曾為自己屬於不革命而忐忑。「日和見」引申為觀望，有等待時機以求一逞的意思，我對於橫掃甚麼的，作壁上觀。彷彿閱盡了人類從上至下的全部醜態，有了點虛無，凡事都覺得無聊，疑神疑鬼。畢竟從那個時代走過來，烙印了這一代的集體記憶與共同語言，說出來有一種認同，一種會心。把歷史放在諧謔中記憶，可減輕心靈的負擔，若無其事地前行。或如文化評論家桑原武夫所言，中國和法國有這樣的觀點，即在某種意義上，語言比內容優先，語言的修練形成價值。其實同代人並不是我的讀者，真不該下意識地跟他們說話，滿紙痞子味。有人把一首古詩貼上網：夜深衣薄露華凝，屢欲催眠恐未應，恰有天風解人意，窗前吹滅讀書燈。年輕朋友笑道：洗巴洗巴睡吧。這該是現今痞子味。讀年輕一代能增加活力，讀年老一代能圓滑世故，讀同代人的東西呢，很可能同聲相求，臭味相投，一起發牢騷，一道走下坡路。

時見國內稱我為學者，這是編輯亂扣大帽子，以壯版面也。我夠不上學者，不過對日本文化有一些觀感罷了。譬如有人說，對日本文化的入門認識，文學從谷崎潤一郎的《陰翳禮讚》開始，電影從《猷山節考》，攝影從荒木經惟，然而我沒看過這個電影，也不喜歡荒木其作，且討厭其人。由於福島核電站事故，電力不足，東京一下子昏暗，我也沒看出陰翳之美。我行文有一個毛病，那就是通篇好話，得便總提醒一下，事情還有另一面，況且寫的是人們常說具有二重性的日本，也只能點到為止，卻常被讀成譏諷。「日和見」加「主義」意味機會主義，作者若不單為文學，不把自己當上帝，而是與讀者同在，娛樂讀者，似需要點機會主義。書暢其銷，如某某日本人所言，文化就跟在屁股後來了。

年輕多夢想，正好寫小說；人老了，若返璞歸真，那就寫隨筆為好。我雖然寫隨筆，卻尚未歸真，這一番交待和辯解無非要推銷自己，想賣這本書。

東日本大震災死難者七七之日　合掌

國家圖書館出版品預行編目資料

日和見聞話／李長聲著. -- 二版. -- 臺北市：五南, 2020.10
面； 公分
ISBN 978-986-522-082-2(平裝)
1.文化 2.通俗作品 3.日本
731.3 109008841

RY03 人文隨筆系列

日和見聞話

作　　者— 李長聲
發 行 人— 楊榮川
總 經 理— 楊士清
總 編 輯— 楊秀麗
副總編輯— 黃惠娟
責任編輯— 高雅婷
封面設計— 王麗娟

總 經 銷：五南圖書出版股份有限公司
地　　址：106台北市大安區和平東路二段339號4樓
電　　話：(02)2705-5066　傳　真：(02)2706-6100
網　　址：http://www.wunan.com.tw
電子郵件：chiefed7@wunan.com.tw
劃撥帳號：01068953
戶　　名：五南圖書出版股份有限公司

法律顧問　林勝安律師事務所　林勝安律師

出版日期　2011年 7 月初版一刷
　　　　　2020年10月二版一刷
定　　價　新臺幣300元